宁夏地名文化 2019

宁夏回族自治区民政厅
宁 夏 地 名 学 会　　编
民 政 部 地 名 研 究 所

中国社会出版社
国家一级出版社 · 全国百佳图书出版单位

图 书 在 版 编 目 (CIP) 数 据

宁夏地名文化. 2019 / 宁夏回族自治区民政厅,宁夏地名学会,民政部地名研究所编. —北京:中国社会出版社,2020. 7

ISBN 978 - 7 - 5087 - 6350 - 7

Ⅰ. ①宁… Ⅱ. ①宁… ②宁… ③民… Ⅲ. ①地名 - 文化 - 宁夏 Ⅳ. ①K924. 3

中国版本图书馆 CIP 数据核字(2020)第 077164 号

书　　名: 宁夏地名文化 2019
编　　者: 宁夏回族自治区民政厅　宁夏地名学会　民政部地名研究所

出 版 人: 浦善新
终 审 人: 尤永弘
责任编辑: 魏光洁
封面摄影: 赵永琪

出版发行: 中国社会出版社　　　邮政编码: 100032
通联方式: 北京市西城区二龙路甲 33 号
电　　话: 编辑部:(010)58124851
　　　　　邮购部:(010)58124848
　　　　　销售部:(010)58124845
　　　　　传　真:(010)58124856
网　　址: www. shcbs. com. cn
　　　　　shcbs. mca. gov. cn
经　　销: 各地新华书店

中国社会出版社天猫旗舰店

印刷装订: 河北鑫兆源印刷有限公司
开　　本: 185mm × 260mm　1/16
印　　张: 14
字　　数: 220 千字
版　　次: 2020 年 7 月第 1 版
印　　次: 2020 年 7 月第 1 次印刷
定　　价: 50. 00 元

中国社会出版社微信公众号

《宁夏地名文化2019》编委会

《宁夏地名文化 2019》编辑部

序一
弘扬地名文化精粹　留住地名的根与魂

中华民族在五千多年的文明发展进程中，创造了博大精深的文化。它积淀了中华民族最深沉的精神追求，包含着中华民族最根本的精神基因，代表着中华民族最独特的精神标志，是中华民族生生不息、发展壮大的丰厚滋养。中华文化虽历经朝代更迭、外族入侵而绵延数千年不绝，成为世界文明史上唯一没有中断的文化，已经融入中华民族的血脉，因此，传承与弘扬中华民族优秀文化传统已成为时代发展和民族复兴的迫切要求。

党的十八大以来，习近平总书记多次强调要传承和弘扬中华传统文化，他指出："中华文明源远流长，孕育了中华民族的宝贵精神品格，培育了中国人民的崇高价值追求。自强不息、厚德载物的思想，支撑着中华民族生生不息、薪火相传。"2012 年 12 月 7 日至 11 日，习近平在广东考察工作时指出："我们决不可抛弃中华民族的优秀文化传统，恰恰相反，我们要很好传承和弘扬，因为这是我们民族的'根'与'魂'，丢了这个'根'与'魂'，就没有根基了。"习近平总书记借用"根"与"魂"，旨在强调传承和弘扬中华民族优秀文化传统对于国家发展和民族振兴的极端重要性。而地名文化又是中华传统文化的重要组成部分。

文化是民族的血脉，是人民的精神家园。我国幅员辽阔，历史悠久，地名浩如烟海。这些地名记载着中华民族对自然环境和人文环境特有的认识和思考方式，记录着中华民族在漫长的历史进程中创造的物质文明与精神文明成果，是中华民族悠久历史的见证，是中华文化形成、发展和传承的载体，是宝贵的文化遗产。

一个地名，就是一段历史的碎片；一个地名，就是一个地理的坐标；一个地名，就是一幅风情画卷。地名是一个地方历史、地理与文化相结合的重要因素之一，它不仅反映了当地的空间位置、自然地理、所属类型，更主要的是反映了当地的人文特征。地名不仅是简单的自然实体标记，更是不可或缺的历史记忆，它承载着普通人的幸福感和归属感，具有不可替代的文化价值。

随着现代化、城市化迅速发展，各种思想、文化相互激荡、交融，地名文化的保护与传承面临前所未有的挑战。在商业因素的裹挟下，我国不少地方的地名体系乱象丛生，除了动辄改名和“洋地名”泛滥成灾外，一地多名、一名多写、路牌混乱、有偿冠名等问题也异常突出。如此作为，折射出了一种文化不自信，也有损城市的文明形象，使得城市历史文化的传承和延续遭到了无情割裂。由此看来，我国各地都亟待打响一场旷日持久的地名文化保卫战！

《宁夏地名文化》的出版正逢其时！正是文化自信的一种表现！通过这种宣传方式，各地将自己深厚、灿烂的文化挖掘、记录、展现出来，借此传承并弘扬地名文化，留住地名的“根”与“魂”，同时也会提高当地的社会认知度、知名度，传播当地的地域特色，弘扬中华优秀传统文化，为地方经济社会发展和文化旅游建设打造知名品牌，使之更好地为当今、为后世服务。我们在为城市筑起“物质大坝”的同时，更要筑起“文化大坝”。通过保护、宣传地名文化，对历史记忆和文化传统加以储蓄留存，强化当地地名文化的涵养功能，树立浓厚的地名自豪感、传统文化敬畏感，为公众打造风格独特的“精神的田园”。这也正是我们地名工作者的一份责任与担当！

习近平总书记指出：“我们要坚持道路自信、理论自信、制度自信，最根本的还有一个文化自信。”所谓“文化自信”，指的就是对本土优秀传统文化的自觉认同和积极传承。反映在地名上，一方面是对老地名展现足够的“尊重”，在城市发展过程中积极保护、自觉传承那些具有文化特色与内涵的老地名；另一方面是对新地名表现出足够的“慎重”，防止产生一些没有文化根脉、不能被市民认同的新地名。各地地名工作者既要做好对存量地名的清理，又要抓好对增量地名的把关。当然，社会各方也应自觉增强文化自信，悉心爱护城市的记忆线索、文化传统，让各类新老地名都能成为一座城市的具体而微的“形象代言人”。

民政部地名研究所所长
中国地名学会会长　王胜三

2017 年 11 月

序二
地名元素的集合　地名文化的精粹

“天威卷地过黄河，万里羌人尽汉歌。”如今，欣然见证《宁夏地名文化》一书付梓发行。重读宋代大学者沈括当年挥笔而就的《凯歌五首》，更感受到宁夏这块神奇土地的气壮山河。宁夏是中国行政区划中五朵自治区金花中最小的一朵，但也是同样充满魅力而且姿态万千的一朵。宁夏历史的长卷，可以延展到智人活跃的万年之前。中国最古老的民族、被费孝通先生称为造血的民族——羌族，也在这块土地上留下了雪爪鸿泥。这些星星点点的文化仍然存在，有的伫立为历史遗址，有的化作抽象的语言，一如和大地、人类形影不离的地名。宁夏的地名有其独特性，背后的地名文化更是值得深入挖掘。本书以观照历史、映照未来为目标，让后辈能获得宁夏元素制成的文化钥匙，开启宁夏的地名文化之门。

宁夏的地名文化，离不开黄河文明。俗话说：天下黄河富宁夏，塞上明珠似江南。九曲黄河在宁夏斜穿而过，形成了西塞大漠中润泽的别样景观，造就了河、湖、峡、湿地等灿烂的水域文化。母亲河哺育了宁夏人的一世情，牵动着宁夏人的赤子心。很多地名都是关于黄河的历史演进和千年传颂，宁夏也因此获得“塞上江南”的美誉。如今，中华黄河楼、中华黄河坛、黄河文化园等新的地标正在崛起，黄河绘就的宁夏大地之壮美正汇聚着宁夏的文化之魂。

宁夏的地名文化，离不开丝路文明。丝绸之路是中西和平往来的通道，宁夏是古代丝绸之路上的重要驿站，民族聚居区成为各国文化融合的鲜活见证。固原市原州区开城镇（原南郊乡，于2003年7月25日撤销合并）小马庄村王涝坝的唐代史道德墓中出土的金覆面，造工细巧，构思别致，极具中亚风情。丝绸之路沿线上著名的佛教石窟——须弥山石窟，一直被称为“宁夏敦煌”。宁夏，也是“一带一路”发展战略的重点发展区域，中国－阿拉伯国家博览会永久举办地设在宁夏银川。在共建丝路经济带中，宁夏提出了建设“黄金节点”的战略定位。古丝绸之路，给宁夏留下了大量的文化遗产。在新丝绸之路的征程上，宁夏是永远绕不开的历史、地理坐标。

宁夏的地名文化，离不开山的绵亘。宁夏有黄河的蜿蜒，丝路的悠远，更有坚屹的山形成纵向的高度。贺兰山和六盘山是宁夏的经典符号。岳飞曾壮言：“驾长车，踏破贺兰山缺……待从头，收拾旧山河，朝天阙。”毛泽东主席曾吟诵：“天高云淡，望断南飞雁。不到长城非好汉，屈指行程二万。六盘山上高峰，红旗漫卷西风。今日长缨在手，何时缚住苍龙？”宁夏的山虽不是最高，但却独有气势，如一匹匹骏马奔向宁夏平原。滚钟口、燕子梁、古琴台这些优美动听的地名，丰富着宁夏的地名文化内涵。

宁夏的地名文化，离不开地域精神。每一个地名，都是浓缩的历史。地名文化包含着地域精神，地域精神支撑着地名文化。“不到长城非好汉”是宁夏精神，其核心是“执着坚定、不畏艰难、艰苦奋斗、负重自强，咬定目标不放松；敢于创新、敢于胜利、敢争一流，让全区发展得更好、让群众生活得更好”。说到底，地名文化是接地气的文化，是促发展的文化。书写地名文化，有利于讲好宁夏的故事、传播宁夏的声音、弘扬宁夏的精神、增强宁夏的自信、展示宁夏的形象。

宁夏的地名文化，离不开红色底蕴。宁夏，取“大夏安宁”的意思。无数英雄豪杰，在这里金戈铁马；无数仁人志士，在这里浴血奋战；许多珍贵的红色文化印记，还在这里讲述着革命老区的故事。红军长征及三大主力胜利会师的将台堡、单家集红军遗址、盐池革命烈士纪念馆、六盘山长征纪念馆、豫海县回民自治政府成立大会旧址、下马关镇红军西征纪念园、豫旺堡西征红军总指挥部旧址等，都是宁夏的红色文化圣地，形成了新时代宁夏地名文化的脊梁。

有多少地理实体的变迁，就有多少文化的震荡，也就有多少写不完的“离不开”。这是一本宁夏地名元素的集合，是宁夏地名文化的精粹，凝聚着历史巨人的智慧，凝聚着宁夏地名工作者万水千山的辛劳，更凝聚着地名写作者孤灯不眠的奉献。宁夏的地名工作日新月异，正在争取第二次全国地名普查更加骄人的成绩。业精于勤，行成于思。《宁夏地名文化》的面世，是宁夏地名工作的重要成果之一，愿它成为宁夏回族自治区成立60周年的珍贵献礼！

宁夏回族自治区政协人口资源环境委员会主任　杜正彬

2018年1月

目录
CONTENTS

魅力宁夏

人物传记

宁夏回族自治区地方标准

中宁县地名的当代变化及影响因素

何彤慧

地名既是自然历史的载体,也是自然历史的产物,随着时代的变迁在不断发生变化,在快速发展的时代地名变化尤为显著。地名的沿革分析在我国有着悠久的历史,这在地方志中有突出表现。清代形成的乾嘉学派素有考据学风,奠定了后世纂修方志必先考据和追溯地名的传统。地名考据不仅能追踪政区的沿革关系和名称变化,还能发现其中土地开发及人口迁移的过程,追溯时代变迁及其对地名文化的深刻影响。

中宁县隶属于宁夏回族自治区中卫市,地理坐标为东经105°27′~106°05′,北纬37°11′~37°46′。其东与吴忠市利通区及青铜峡市相邻,南接同心县,西靠中卫市沙坡头区,北至宁夏区境并与内蒙古自治区阿拉善左旗接壤。县域范围南北长约60千米,东西宽约50千米,总面积为4192.83平方千米。县域南北两侧为丘陵低山,中部为黄河流经形成的灌溉绿洲,是宁夏著名的农业县,也是驰名中外的“中宁枸杞”的原产地。

一、中宁县地名普查数据及其数量的变化

20世纪80年代初开展的全国性地名普查,在县级水平初步建设了地名库和地名卡片,在中宁县形成了《宁夏回族自治区中宁县地名志》(1982年)。“十一五”期间,宁夏回族自治区民政厅组织人力进行了地名普查试点工作,形成了县级地名数据库(称为试点数据库)。2015年开展的全国第二次地名普查又建立了中宁县的“二普”地名库。对比三个阶段的地名数量,中宁县第一次地名普查记录地名总数为1312个;试点后达到3587个,增加了2.73倍;“二普”结果为6210个,地名统计类别和数量差异显著。

中宁县第一次地名普查结果未专门显示寺观地名、交通站场地名和群众自治组织地名，公路地名数量极少，只有 17 条，但包括泵站、堤堰、渡槽、水库、涵洞、井等在内的水利设施地名数量和各类自然地理实体地名数量和比例都比较大。这种情形的出现一方面是调查类型的不统一，也与当时当地社会经济发展水平的局限，总人口少（只有 16.6 万人）等有关。另一方面，由于“文化大革命”结束不久，大量的寺观建筑被破“四旧”而损毁或不复存在。水利设施虽然体量不大，但那时的显示度很高，自然地理实体在当时的指向与指位性很强，调查中也容易获得。

21 世纪初的地名普查试点中，由于经历了改革开放 30 年，社会经济各领域有了长足的发展，房屋类寺观建筑也得到了重修和新建，加之行政区划调整和吊庄移民工程等，县域回族人口比例显著增加，单位数量和清真寺数量飞跃式增长，居民点数量也有所增加，站点地名从无到有，道路地名增加了 11.6 倍，但是由于种种原因，自然地理实体地名未统计出来。

中宁县第二次地名普查数据与前次补查数据相比，单位地名基本持平；寺观和房屋类地名增加了 1.41 倍；公交和火车站点地名增加 2.36 倍；居民点地名增加 2.50 倍；水利设施地名增加了 2.00 倍，但比 20 世纪 80 年代记录的要少一半还多；文化旅游景点地名增加 40 倍；行政区域地名和群众自治组织地名基本持平，但居民点地名增加了 2.5 倍。“二普”中还增加了界桩、收费站、输变电站和通信基站等站点类设施地名，以及渡口、管站、桥梁、隧道等交通管网设施地名，以及公园风景区、广场与体育场地名、地名标志名、区片地名等地名类型。无论从数量上还是类型上，中宁县域地名都有极大的扩充。

二、地名组成结构的变化特征

1. 新地名与地名类型层出不穷

中宁县的当代地名类型发生了巨大变化，由国家地名库中新增的地名类和地名型对比即可发现，诸如工业区开发区、高速公路、管道管站、环岛路口、通信基站、自然保护区、输变电站及交通类的各类站点等，均为新增的地名类型，这些地名类型在中宁县有井喷式增长势态，如通信基站地名数量已达 322 个，加油站达 37 个，等等。

新地名的出现从不同阶段地名通名的变化上可窥一斑，如公路和街道类地名中就有“路”“线”“公路”“大路”“主干道”“巷道”“支路”“支线”“副路”“村路”“村道”“纵、横路”“斗路”“街路”“街”“大道”“巷”等；水利设施地名中原来最多用到“渠”“沟”以及“干渠”“支渠”“干沟”“支沟”等，现在则增加了“斗渠”“斗沟”“序号 + 支渠”“序号 + 斗渠”等。专名的取词方式也越来越复杂，如城镇居民点名称无论是专名还是通名，花样繁多，而且还在不断刷新人们的耳目，例如单位地地名的通名不仅有大量的有限（责任）公司、分公司、店、分店、服务部、修理部、事务所、超市、（广）场、站（场）、加工厂、银行、分行、经销部等，在 20 世纪 80 年代逐渐消失的合作社、门市部等重新出现，诸如协会、车行、用品店、研究中心、技术中心、监管中心、监理所等新型地名也如雨后春笋；专名的来源更是充满新意和想象力，令人目不暇接；而且在命名方式上打破了原有的“专名 + 通名”模式，出现了两个以上专名并用、两个以上通名并用、专名通名不分、多级地名组合等情形。

2. 宗教寺观地名组成结构变化最为显著

佛教和道教在中宁一带传播久远，民国时期中宁全县不满 10 万人口，佛教徒就达四五千人以上，而且多数宗教场所有儒释道合一的性质。基督教于清末传入中宁县，也有较快发展。至 1958 年，全县各类宗教场所统计为 61 处。1966 年“文化大革命”开始，全县寺庙一律被当作“四旧”捣毁拆除，荡然无存。1982 年中共中央《关于我国社会主义时期宗教问题的基本观点和基本政策》（即〔1982〕19 号文件）下达后，寺庙建筑得到恢复，至 1989 年，全县有寺庙 37 处，按类别主要为佛教寺庙、基督教（包括天主教）教堂、伊斯兰教清真寺和道教庙宇。但到了 2015 年，中宁县此类地名总数达到 270 余个，其中 60% 以上为清真寺地名，形成了清真寺（及拱北）、佛教寺庙、道教寺观、基督教堂的排序格局。

3. 水利设施地名日新月异

水利设施是中宁县社会经济的命脉，水利设施地名的社会文化影响非常巨大。但由于水利建设的持续不断，地名的演替兴衰非常频繁。“一普”数据库中有水利设施地名 290 个，普查试点只记录 57 个，“二普”则为 114 个，诸如“渠口”“闸坝”“渠拜”“渡槽”“涵洞”等有明显地理指位意义的水利辅助设施类地名，在第二次地名普查中数量显著减少，而新的水利设施类地名补充进来，如固海扬水灌区的固海干渠，固海一、二、三、四、五干灌和固扩（固海扩灌）一、二、三干渠等。排水沟地名除南河子沟、北河子沟、黄羊山洪沟、余丁泄洪沟等少数干沟为历史地名，其余多为近半个世纪以来开挖，很多还保留着其规划时的名称，如马梁一、二、三号沟，石空二、三、七、十号沟，等等。

4. 自然地理实体地名在传承中发生巨大变化

对比中宁县几个地名数据库中的自然地理实体地名，发现前后不足 40 年的时间内，收录的地名总数变化不大，去掉重复地名后，数量上只有 27 个之差，但按类型比较则差距较大，如河流和沟谷类地名，“一普”库中为 62 个，“二普”库中 168 个，相差 2.71 倍；草原类地名“一普”70 个，“二普”43 个，少掉 27 个；“一普”中有 10 个滩地名，但“二普”中只有一个，且不与前重叠。“一普”中的高地、丘陵和墩（主要指自然状态下的残丘地形）在“二普”中没有体现，但是存在着纳入别类的问题，如“一普”中的“井梁子高地”可能与“二普”中的“井梁子沟”有对应关系。而“二普”中的湖泊、瀑布和湿地沼泽类地名“一普”中没有划出。

比较两次普查中共有的自然地理实体地名，发现总数只有 90 个。如果将前后两次普查共有地名占同类总数的加和平均数比值称为沿革率的话，中宁县自然地理实体地名的沿革率只有 33.1%，其中河流沟谷类为 36.9%，山地山峰山岭类 38.0%，泉类 58.8%；草原类 61.0%；平原类 27.5%。放在短短不到半个世纪的时段观察，自然地理实体地名的变化尤其巨大，沿革状况非常之差。

三、地名形成与发展变化的影响因素分析

1. 社会经济发展和土地开发利用方式对县域地名影响深远

随着社会经济的发展，人口的增加，新生事物的不断涌现和人们生活方式的变化，新地名和新的地名类型发生巨大变化，如各种通信基站、加油站、高速公路、庄园农家乐等新型地名类别得以出现，其地标作用远远超出早先的桥涵闸坝，因而在新地名库中得到完全不同程度的表达。与此同时，由于中宁县处在黄土丘陵低山 - 河谷阶地平原 - 石质残山与沙地的三大板块下，农牧咸宜，在改革开放之初还保留着农业开发与牧业开发两种土地利用方式并存的格局，许多生产队都是既在灌区有农地，又在山区有牧草场，因而“一普”地名库中诸如某某草原、某某滩的地名数量较多。随着水利事业的发展，中宁县畜牧业的逐渐式微已成定局，那些原本适合放牧的小片草滩逐渐转变成农地，于是水利设施和新村落

名称逐渐替代自然地理实体地名，这也是中宁县除河流沟谷类自然地理实体地名增加而其他类地名快速灭失的主要原因。

2. 行政区划调整影响地名组成和结构变化

中宁县行政区划的变化对地名组成和结构的影响非常大，主要体现在以下几个方面。一是区划界线变动带来相应范围内地名的划入划出，如2006年青铜峡水库自治区级自然保护区扩界至中宁县域，自治区政府因此将中宁县白马乡新田、跃进两村的80.2平方千米的土地划给青铜峡市，使得这一区域的附着地名全部改变了隶属关系，其中不乏牛首山、大西天、小西天等标志性地物名和众多宗教建筑名。2003年同心县的喊叫水乡与徐套乡划归中宁县管辖，同样也使中宁县地名数量和类型结构带来巨大变化。二是政区合并和层级单位的变化会造成政区、行政村和居民点地名数量和层次的显著变化，如2002年的乡乡合并后，中宁县的乡镇数由原来的18个减为9个，行政村数量则有相应增加。三是政区功能转化带来的地名变动往往有连锁效应，如1978年在中宁县陈麻井公社的基础上成立农垦国营长山头机械化农场，陈麻井公社撤销，陈麻井目前为居民点，是长山头农场一队、二队所在地，其地名逐渐被生产队地名所取代，这个位于交通要道上的著名老地名正在淡去。

从目前来看，基层群众自治制度的实施，不仅在中宁县，在全宁夏乃至全国，都对基层地名产生重大冲击，原先的自然村级聚落地名用进废退，正在被以“行政村+序号+村民小组”的地名取代，或者同时使用，中宁县第二次地名普查也因之产生一地多名现象。例如，舟塔乡舟塔村下有19个村民小组，贯以第一村民小组~第十九村民小组之名，这些村民小组所在的居民点即为自然村，原有舟塔、南河、南庄、洪渠、康营、刘营、马家嘴子、房营、党庄、王庄、宋营、胜利寨等名，这些地名在“二普”数据库中与村民小组地名同时收录，这也是造成居民点类地名数量成倍增加的主要原因。

3. 城镇化与新农村建设的影响

改革开放以来，特别是进入21世纪以来，中宁县所在的宁夏回族自治区城镇化发展水平有了较大提高，城市化率由20世纪80年代初的8%增长到36%以上；城镇规模不断扩大，宁安镇（县城）建成区控制面积达到24平方千米，实际面积达17.9平方千米，乡镇功能也不断优化，这在地名上也有明确表现，城镇道路在30多年中，由个位数增加到百位数。以社会主义新农村建设为目标的塞上农民新居建设，使得旧村得到改造，分散零乱的小型村落被集中建设成大的村庄，农村居民点的环境质量和公共设施建设水平得到很大提升，新的村道和提标后的村道也有了名称，这也是中宁县各类道路地名由"一普"时的17条，增加到补查时的197条，再到"二普"时的414条的主要原因。但也正是由于快速城镇化和小村合并与县域内人口集中，原有农村小型聚落周边的水利设施和自然地理实体丧失了其指向指位性，也在快速淡化乃至弃用，成为水利设施地名在数据库中数量减少、自然地理实体地名迁变的原因。

4. 地名从口述到文献记载过程的影响

地名作为公共资源，自然也是共享资源，在地名从口述至进入文献的过程中受诸多因素（如方言发音、表达的含义、记录者的文化素养等）影响，即使在同一时期，也会出现同地同音不同字、近音不同字，同地异名，借音转义等情形，不同时代这样的问题就更加强烈，所以地名的考据在研究中非常重要。对比中宁县历次普查的地名库，发现这一现象非常明显。例如，疃卜郎本是天景山下的小村庄，清末王恩美反清起义的发生地，该地名在文献中多处被称为"团渤朗"或"团钵朗"，来源未明。又如浪洼子草原又称"狼娃子草原"，东路湾子草原又称"车路湾子草原"，马儿尖山又记为"马耳尖山"等，均属此类。其实地名上图或记录下来与否，与调查时间或地段很有关系，由于山地丘陵区沟谷地带交通便利、人烟稠密，沟谷地名较多地被记录下来。其实很多沟谷对应着同名的山峰或山岭，对应着同名的泉、草原、聚落等，形成具有关联关系的地名序列，但是这个现象在中宁县地名库中基本未予体现。

5. 移民开发与规划对地名演化有着深刻驱动

中宁县地名中记录的姓氏多达70余个，从居民点地名的构成来看，有"姓氏+庄""姓氏+营"及"姓氏+滩""姓氏+庙"等多种构型，这是典型的移民式开发路径的表达，即聚族而居，在荒地上用姓氏标记所有权。多样化的姓氏地名、移民迁入区地名的重新组合和移植，造就了中宁县的地名移民文化。但是自20世纪80年代兴起的扬黄灌溉开发，在新开发区的地名命名政府主导性很强，以沟渠划分土地安置移民、以搬迁地和规划片序号等标记居民点的做法在地名中蔚然成风，使地名演化出现越来越浓郁的计划和规划色彩。

唐人诗句“果园成”与“果园城”辨正

吴忠礼

唐朝诗人韦蟾所作《送卢潘尚书之灵武》的一首著名七律诗，在宁夏地区可称是人人皆知，家喻户晓。原因不仅是名人为名人壮行的名篇，更主要还是诗中充满了有关宁夏的历史、风尚、典故和民族敦睦、才俊辈出的地灵人杰之赞，所以乡人读此诗倍感亲切、充满了乡愁和骄傲。故后世宁夏学人所编汇的各种有关《宁夏古诗词选介》和《宁夏历代地方志》（艺文卷）的各种版本中，无一不收录此诗，并且首句皆为“贺兰山下果园成”。我对于这首诗的首句揣摩了20多年，总觉得有点问题，今草撰此文，试将一些不成熟的想法说出来，以求教于方家。现将全诗抄录如下：

送卢潘尚书之灵武

（唐）韦蟾

贺兰山下果园成，塞北江南旧有名。
水木万家朱户暗，弓刀千队铁衣鸣。
心源落落堪为将，胆气堂堂合用兵。
却使六番诸子弟，马前不信是书生。[①]

韦蟾，字隐珪，福建籍，亦说陕西人。唐宣宗大中年间（847—860年）进士，官至御史中丞、尚书左丞。中晚唐诗人。大约在咸通十年（869年），他的好友尚书卢潘被朝廷任命为灵武节度使（治城在今宁夏吴忠市利通区境内），为了给朋友壮行，特创作这首七律诗相赠。按照官场惯例，送别诗往往是要把友人即将赴

① （清）彭定求等10人奉敕编校《钦定全唐诗》康熙四十五年（1706年）刻本。见第九函第三册。

任的地方和新官职夸赞一番，表示朝廷重用贤良、大才大用，以资祝贺和鼓励。所以本诗的主要内容是颂扬灵武节度使所驻节的古灵州城和防区历史悠久、文化厚重、民风淳朴，各民族子弟（六番）世代尚武忠勇，不愧为国家的兵源将才之乡和北方的鱼米之乡等，因此，作者认为，新官朔方灵武节度使之职才正是这位儒将（书生）的用武之地，建功立业的难得机遇与天赐大展宏图的理想场所。兄台此去为国镇边，一定会效忠庙堂，建立不朽的勋业而流芳百世。

但是，当人们读了全诗特别是其中第一句的“贺兰山下果园成”以后，你能感到这句开场白的内容能起到全诗开题的作用吗？读者从字面理解，诗句所表达的大意应该是：今年贺兰山下一带的果园收成不错，种植成功了，是个大年成。或解作水果到了成熟收获的季节了。若是如此解意，则与全诗整体的意境似乎就大相径庭，即民间俗语所谓不达界了，它当然也就起不到整首诗的开题的作用。卢潘是当时朝廷重臣，要去灵武接任节度使这样一路诸侯高官要职的，而不是来品尝贺兰山所出产水果的，所以果园的收成成与不成，对于这首诗所涉主客二人都没有任何关系，因此该诗以“果园成”开头，显然与全诗构不成内在的联系，而且大有风马牛不相及的感觉，也大大降低了这首名人名作的艺术品位。如果把该诗首句改动一个字为“贺兰山下果园城”，“成”“城”仅一字之异，则全诗就能前后表意连贯一致了。以“贺兰山下果园城”开题，此诗以有关文史典籍告诉读者，卢潘新任灵武节度使的不仅是一处具有悠久历史的地方，而且是国家“天界华夷”[①]和“贺兰山下阵如云，羽檄交驰日久闻”[②]的“戎疆”[③]、北国的巨防。此地正是西汉惠帝四年（前 191 年）所设立的古灵州县，后曾一度升为灵武郡，至东晋十六国大夏国间（407—430 年），因战乱几度建置内迁，古城废为大夏国王赫连勃勃的御马场和果园城，故后人和史书往往就以“果园城”代称古灵州城。所以首句所谓“果园城”，也就是汉代中原王朝所设立之北方军事重镇的古灵州，也就是新任灵武节度使卢潘将要赴任的地方。诗人不呼古灵州城，而以“果园城”指代古灵州，这是文人骚客采用一种文学的笔法，亦即以古名代称今地的怀

① 引自明朝宁夏弘农郡王朱秩炅诗：《贺兰晴雪》：“贺兰西望矗长空，天界华夷势更雄。”载《嘉靖宁夏新志 · 宁夏总镇（续）》卷之二，宁夏人民出版社，1982 年版。

② 引自唐朝诗人王维诗：《老将行》载（明）宁夏庆王朱栴撰《宁夏志 · 题咏》（卷下），宁夏人民出版社，1996 年版。

③ 引自唐朝诗人顾非熊诗：《出塞即事（二首）》：“贺兰山便是戎疆，此去萧关路几荒。”载唐骥、杨继国、布鲁南、何克俭合编：《宁夏古诗选注》，宁夏人民出版社，1987 年版。

古雅趣，并且是典有所出和史有所载的。追溯“果园城”的渊源，历史上最早称呼古灵州为“果园城”，出现在北魏伟大地理学家郦道元的名著《水经注》中，《水经注·河水三》云：“河水又北薄骨律镇城。”文下又以小字注曰：所谓薄骨律镇城，就是“赫连果城也”[①]。今人读郦氏的《水经注》，在字里行间和语气中似乎可以感觉到郦道元有可能曾到过古灵州，并于实地访问过当地老人，向他们请教为什么古灵州被称为“薄骨律”城呢？“故老宿彦云：赫连之世有骏马死此，取马色以为邑号，故目城为白口騮韵转之谬，谓白口騮转读薄骨律王。”[②]意思是说：“薄骨律”是因大夏国王赫连勃勃的一匹白色口唇的心爱战马而转音所由。那么为什么又称古灵州为“果园城”呢？《水经注》又云：因古灵州“地在河之洲，随水高下，未赏沦没，故号灵州……初在河北，后于果园所筑城为州治”[③]。该书还云：“赫连果城也，桑果余林仍列洲上。”[④]《水经注》在这儿把古灵州城亦称为“果园城”的历史背景和原因都交代清楚了，即从东汉末年以来，中原动乱，中央政府无力固守边地，古灵州不得不内徙，古城荒废。至东晋十六国间（317—420 年），匈奴铁弗部首领赫连勃勃曾在今陕甘宁地区建立大夏国，今宁夏南北全境在大夏国的统治下。时古灵州内迁城废，因其地在黄河洲岛之上，废城遂被大夏王利用改为果园，并筑城作为夏王的御马场，时人便称其为“果园城”，又因“白口騮”马，转音为“薄骨律城”。可见《水经注》所写的果园城、薄骨律镇城与古灵州城实为一城之通假与异呼。

关于古灵州城曾名“果园城”和“薄骨律城”，北魏大臣郦道元所编著的《水经注》也并不是孤证，此后唐朝有一位担任过节度使、宰相的名臣叫李吉甫的曾完成一部我国现存最早又较完整非常著名的地方总志——《元和郡县图志》。该书在灵州条下如是记曰：“灵州……后汉安帝永初五年，西羌大扰，诏令郡人移理池阳，顺帝永建四年归旧土。其城赫连勃勃所置果园，今桃李千余株，郁然犹在。后魏太武帝平赫连昌，置薄骨律镇，后改置灵州，……灵州常为朔方节度使理所。”[⑤]从唐代这部名著的记述可知，唐人也承认，古灵州之所以改呼“果园城”，

① （北魏）郦道元著、（清）王光谦校：《水经注》卷三，巴蜀书社，1985 年版。
② （北魏）郦道元著、（清）王光谦校：《水经注》卷三，巴蜀书社，1985 年版。
③ （北魏）郦道元著、（清）王光谦校：《水经注》卷三，巴蜀书社，1985 年版。
④ （北魏）郦道元著、（清）王光谦校：《水经注》卷三，巴蜀书社，1985 年版。
⑤ （唐）李吉甫撰、贺次君点校：《元和郡县图志·关内道》卷第四，中华书局标点本，1983 年版。

是以“赫连勃勃所置果园”为由来，时间当在赫连大夏国王当政时期（407—431年）。韦蟾作诗提及“果园成（城）”，大约是在唐咸通十年（869年），前后相隔有400多年，韦诗采用400年前曾昙花一现（十年左右）的民间俗呼，来代指赫连勃勃时代著名的北方军事重镇、灵武节度使驻节城池，显现出作者历史知识的渊博和诗文曲笔用典的巧思。

韦诗的首句是以怀古的笔法介绍古灵州曾呼“果园城”，而第二句的“塞北江南旧有名”是对于第一句的加强，仍以怀古和用典方式，进一步介绍这座“果园城”后来还曾被称赞为“塞北江南”的美誉，而且也是典有所出和史有所载，并且还是早就闻名遐迩“旧有名”的天府之区了。“塞北江南”诗句的历史背景当可溯源至南北朝时期（420—589年），时一度统一北方的北周武帝宇文邕，取代北齐政权后，于宣政元年（578年），命大将军王轨率兵伐南朝陈国，大破陈军，其统帅吴明彻也当了俘虏，陈国遂灭，“将士三万并器械辎重皆没于周”[①]，并被强制迁徙至古灵州地区屯垦戍边。因为陈国都城在建康（今江苏南京），故国疆域包括今长江中下游的江苏、浙江和福建、安徽一带，吴明彻本人籍贯秦郡（今南京六合区）人，其部队当多为子弟兵，即江南水乡之人居多，所以这批南方人集体来到灵州从事屯垦，必然带来了长江中下游一带的文化，正如宋朝著名文史大家乐史在他的著作《太平寰宇记》中所云：北周“迁其人于灵州，其江左之人尚礼好学，习俗相化，因谓之塞北江南”[②]。显然当时所谓“塞北江南”，主要针对文化（习俗）而言。继乐史之后，又有北宋名将曾公亮写成一部大型兵书《武经总要》，在该书的《灵州·怀远镇》条中写道：“灵州·怀远镇，本河外，县城西至贺兰山六十里……有水田、果园，本赫连勃勃果园置。堰分河水溉田，号为塞北江南即此。”[③]该书此时已将“塞北江南”的内涵和所包括的地域，从文化视觉扩大到自然环境和物候的大视野。不过，该书却误将赫连大夏王曾特定专名的“果园城”和普通农家的“果园”混为一谈，从而又把古灵州城即果园城与怀远县城彼此画上等号而混为一谈。此误，大概就是后世唐朝诗人韦蟾在他的诗句中也把“果园城”不经意误为“果园成”，从而误导为果园收成的曲解上去的原因吧？

---

① （宋）司马光编著、（元）胡三省音注：《资治通鉴·陈纪》卷173，中华书局标点本，1956年版。

② （宋）乐史著、王文楚等校：《太平寰宇记·灵州》卷36，中华书局点校本，2007年版。

③ （宋）曾公亮：《武经总要·前集》卷18（下），上海古籍出版社，1995年版。

韦诗的第三句，生动表现出古灵州，因其地理位置为在河之洲，故有南国水乡的自然景观——水渠绕户，绿树成荫，田连阡陌，所以“水木万家朱户暗”的诗句天然生成。第四句，则揭示古灵州地区的民风俗尚，因为其地“皆迫近戎狄，修习战备，高上气力，以射猎为先”①。既然尚武已成为一种民风、习俗，那就不是一日二日和一年二年的历史，而是由来已久，这在正史中也是容易找到证据的。正如《汉书》记曰：“安定、北地……良家子选给羽林、期门，以材力为官，名将多出焉。”②还说：“良家子……为人沈勇有大略，少好将帅之节，而学兵法，通知四夷事。”③诗句“弓刀千队铁衣鸣”正是对古灵州尚武民风的真实和艺术表达。

韦诗的下阕四句诗，是对书赠对象这位儒将的夸赞：有将才，有胆略，灵武自古以来就是国家的武才之区，还是众多民族精英聚集的地方，所以谁也不敢小看这位新任白面书生的封疆大吏。这首七律诗上阕四句，前两句介绍古灵州，后两句介绍作者好友将要赴任的古灵州和那里的人民及习俗；下阕四句，作者夸赞自己的朋友将要到古灵州去镇守边关，是最合适的人选，是朝廷可堪信赖的文韬武略栋梁之材，边疆各族人民都将拥护他，他也一定能够在北国重镇成就一番大事业。综观这首诗全诗内容、意境、用典和历史背景以及文化内涵，均与农家的“果园”和“果园”收成的丰歉没有一点关联。该诗是作者为送一位朋友将赴古灵州担当“朔方灵武节度使”天下第一军镇要职的送别诗，全诗就应该是夸灵州、夸朋友，预祝朋友上不负庙堂，下不负人民，也不负朋友的表达。若以“果园成”为引子，与全诗就格格不入了。究其错误，可能不是韦蟾的责任，因为他也是一位有高学历高职称、进士出身的晚唐著名诗人，不大可能犯这种低级的错误。而且从全诗的内容来分析，内涵精当，结构严谨，前呼后应，相互因陈，一气呵成。更为特别的是此诗采自权威诗集《全唐诗》，该集又是在清康熙皇帝的亲自关怀指导下完成的《钦定全唐诗》，也不大可能出现这种非常明显的错误，那么，咎其真正原因可能是后人传抄的笔误或匠人雕版的刀误的可能性比较大。由于刻字工的文化水平有限，不解诗人以古喻今的文学匠心，无意之中，将“城”字误刻为“成”字了。当前文学、史志等学界，在引录这首名诗之时，可能仍然多以“果园成”面

---

① （汉）班固撰、（唐）颜师古注：《汉书·地理志》卷28下，中华书局标点本，1962年版。
② （汉）班固撰、（唐）颜师古注：《汉书·地理志》卷28下，中华书局标点本，1962年版。
③ （汉）班固撰、（唐）颜师古注：《汉书·赵充国、辛庆忌传》卷69，中华书局标点本，1962年版。

世，而我似乎不识时务，大胆提出当应以“果园城”三字来替换“果园成”三字，提出这个谬见的目的是为了请教学界朋友和师友们能够拨冗关注一下宁夏历史文化研究方面这个小小的问题，帮助我们解惑释疑。

罗山的得名与民族融合的关系

鲁人勇

罗山是宁夏中部最高的山，原在同心县北部、吴忠市红寺堡移民开发区东南部。山之东为韦州平原，西为红寺堡平原，也是红柳沟与甜水河的分水岭。山体南北向延伸50千米，宽2～5千米。北段称大罗山，主峰海拔2624米。南段称小罗山，海拔2000米左右。1982年被批准为自治区罗山自然保护区。今天的罗山，林木极少，草灌稀疏，水源枯竭。但在古代，却是座林木葱郁、泉水淙淙、风景秀丽的宝山。山两侧的平原，宜农宜牧。至少在明代以前罗山周围是一个特别适宜人类居住的地方，曾有数十个民族在这里安居乐业、和睦相处，最后融入中华民族大家庭。所以，罗山在我国民族融合的历史进程中，有厚重的文化沉积，与中华民族的融合有紧密的关系。

罗山在唐代叫达乐山、长乐山、铎乐山，宋代叫长乐山、乐山、下北山，明清称蠡山，现代因生僻难写，以谐音简化为罗山。这些名字，都被打上了很深的民族烙印。

一、两汉时的匈奴移民与“蠡山”的关系

罗山在明代称“蠡山”。《嘉靖宁夏新志》卷三韦州之下考证说：“蠡山，在［韦州］城西二十余里，峰峦耸翠，草木茂盛。旧不知何名，洪武中，庆府长史刘昉以其形似而名之。”“小蠡山，在大蠡山之南，其脉相承。”这里的“蠡”是古时“螺”的通假字，与“罗”同音。但是，罗山怎么看形状也不像一只螺。罗山一名之由来要重新考证。

据《汉书·地理志》载，西汉的安定郡之下设有三水县，是“属国都尉治”，两

汉统称安定属国或三水属国。其县治就在今下马关乡的红城水古城①,位居罗山东麓的洪积带上。何谓属国?《史记·卫将军骠骑列传》:元狩二年(前121年)“乃分徙匈奴降者边五郡故塞外,而皆在河南,因其故俗,为属国”。就是把降附而且愿意内迁的匈奴族安置在五个郡,不改变他们原来部族内的制度和生活习惯,只在军事上由朝廷派都尉管理。这是一种高度的民族区域自治管理。按《史记正义》的解释,这时的“五属国”分别在陇西郡、北地郡、上郡、朔方郡、云中郡②。其中北地郡治马岭(今甘肃省庆阳市北马岭镇),辖有今宁夏全境,当然也包括三水县治地红城水。这些匈奴族是哪一部?《汉书》没有说。按当时形势分析,应属卫青最初击败的南匈奴,即居住于河套以南的楼烦王、白羊王部。后来击败的北匈奴,当安置在云中、朔方郡。至于霍去病后来在祁连山下击败的浑邪王部,当安置在陇西郡。

又过了八年,即元鼎三年(前114年),朝廷将北地郡一分为二:其北部宁夏平原、东部的甘肃省庆阳地区仍属北地郡;今宁夏韦州、中宁县城以南及六盘山区、甘肃省平凉地区属安定郡。原“北地属国”所在地三水县划归安定郡,因此在《汉书》《后汉书》等史籍中,一般称之为“安定属国”,而不叫“北地属国”。

演变到东汉,安定属国的匈奴族都有一名单于治理内部,而且由朝廷选定。据《后汉书·张奂传》记载,因为这里的匈奴单于治理无能,朝廷派来的属国都尉又贪得无厌,欺压民众,匈奴族不断发生叛乱事件,甚至大量制作“马革船”,渡过黄河逃到黄河以北。永寿元年(155年),朝廷派中郎将张奂任三水属国都尉。张奂的前八任都尉皆“贪财货”,所以匈奴各部首领照例给新上任的都尉送来金银及良马。张奂却之不受说:“使金多如粟,不以入怀;马多如羊,不以入厩。”张奂“正身洁己”,使匈奴族人信服,于是“威化大行”,境内安定,叛乱事件也停止。张奂又保举一个部落的首领“左谷蠡王”为新的单于。这里的“左谷”可有两种解释:一是蠡山左(山之西为左)边的平川;二是匈奴的部族名。“蠡”则是匈奴王的名号。“蠡王”既为南匈奴的单于,其居地大山以他的名号命名是顺理成章之事。因此,蠡(罗)山的得名,应该源于在这里居住的左谷蠡王,始于东汉。

---

① 故址考证参见本人与吴忠礼、徐庄合著《宁夏历史地理考证》卷三第30页三水县条。

② 《史记·卫将军骠骑列传》注文,中华书局点校本,1959年版。

二、唐代吐谷浑的迁入与“达乐山”“长乐山”的得名

唐李吉甫的地理名著《元和郡县图志》卷四灵州之下记曰：“长乐山，旧名达乐山，亦曰铎落山，以山下有铎落泉，故名。旧吐谷浑部落所居……”①

先说“旧名达乐山”。“乐”，是源于“蠡”的同音。为什么改名“达乐”？《旧唐书·西戎传》卷一九八有详载：“吐谷浑遂为吐蕃所并。诺曷钵以亲信数千帐来内属，诏左武卫大将军苏定方为安置大使，始徙其部众于灵州之地，置安乐州，以诺曷钵为刺史，欲其安且乐也。”这里要特别注意“欲其安且乐”五个字。按《新唐书·地理志》卷七记载，迁吐谷浑、置安乐州的时间为咸亨三年(672年)。这次迁入的“数千帐”，多是吐谷浑国内长期追随诺曷钵的上层人士，因而家大业大，人口亦多。按每帐6口计，应有3万~4万人之众。在隋朝及初唐时，吐谷浑还是一个强大的少数民族政权，都城在伏俟城(青海湖西侧)，辖境包括整个青海省及甘肃省的张掖、武威地区。唐太宗采取“怀柔”政策，封其国王诺曷钵为“河源郡王”，又于贞观十四年(640年)将宗室女弘化公主送去联姻。武则天赐弘化公主姓武，改封西平公主，拜诺曷钵为驸马都尉。后来，吐蕃兴起，不断残食其境土，并大破吐谷浑军于河源地区。诺曷钵带领家族、臣僚及余部逃至今青海省大通河流域。因地方狭窄，又常遭吐蕃攻击，所以“不安其居”，要求内徙。唐朝同意在灵州原鸣沙县的西部择地安置，专设安乐州，“欲其安且乐也”。其州境包括今红寺堡开发区、太阳山开发区、韦州、下马关、中宁县的河南地区(鸣沙县属此州管辖)，也就是罗山的周围。弘化公主也随部族迁到这里，后来死于灵州府第，两年后殡于凉州，在甘肃武威保存的《弘化公主墓志》也记录了这次移民的过程。迁来后，整个吐谷浑部落达到“安且乐”的愿望，既然州名叫“安乐州”，山名也就因为已经“安且乐”而改为“达乐山”。明清之际的“大蠡山”，我们今天叫的“大罗山”，概源于此，一脉相承，可以说一个音都不差。

至于长乐山，则是随州名而更改的缘故。在唐至德年间后，各种史籍一般不称安乐州，而称长乐州。初来乍到需要“安乐”，既已安乐，则又盼长乐。二州实为一地。山名也随州名相应改作“长乐山”。叫铎落山则有两种可能：一是因山下有铎落泉而名之；二是“达乐”音转而成“铎落”。不管是哪个名字，都与吐谷

① 《元和郡县图志》上册关内道四灵州条，中华书局点校本，1983年版。

浑的迁来“安居乐业”有关。

这个吐谷浑部落后来到哪里去了？《旧唐书·西戎传》[①]卷一九八载：“吐谷浑……及吐蕃陷我安乐州，其部众又东徙，散在朔方、河东之境。”至德年间(756—758年)，吐蕃攻陷安乐州。今宁夏的盐池、惠安堡、红寺堡、鸣沙镇一线及其以南地区，全部被吐蕃攻占，安乐州亦在其中。此时，吐蕃族也大量进入红寺堡及毗邻地区，甚至连他们的驿骑也来到此地。据《旧唐书·吐蕃下》卷一九六载，贞元十七年(801年)七月，吐蕃攻陷盐州(治今陕西省定边县南)，俘虏了七个延州(今延安市)僧人，从盐州向西走九十里到一个叫横槽烽(约在今盐池县大坑附近)的地方屯军。僧人们看见吐蕃的“飞鸟使”正在传报军情，正惊恐之际，听见吐蕃的“徐舍人”召见。徐舍人是一个年轻军官，自称是徐敬业的后代。徐敬业因起草讨武则天的檄文而被满门抄斩，其中也有逃脱至吐蕃避乱者。徐舍人命解开绳索，宽慰僧人说：“师勿惧，此蕃汉交境也，复九十里至安乐州，师无由东归。”飞鸟使就是吐蕃的驿使，他们行经的线路是盐州、横槽烽、安乐州、鸣沙一线。吐蕃在鸣沙、安乐州常驻军队戍守。到大中三年(849年)七月，灵武节度使朱叔明率军收复这一地区，“破吐蕃长乐州罗城，焚其屋宇器具”[②]。次月将安乐州改名威州，仍领鸣沙县[③]。光启三年(887年)，因再度被吐蕃攻占，连威州也迁到凉州(今甘肃省武威市)为行州。所以，在唐末五代，这里仍然居住着很多吐蕃部落，并且有大量党项部落迁入。

三、宋代改称乐山

宋代乐史所著《太平寰宇记》除了重复唐代史籍的记述外，又说：“长乐山，按十道记云安乐州在灵武南稍东一百八十里，近长乐山，下北山，一名铎落山。以山下有铎落泉水故以为名，旧吐谷浑部落所居。”《宋史·郑文宝传》卷二七七在《城古威州议》中说：“威州在清远军西北八十里、乐山之东……故垒未圮，水甘土沃，有良木薪秸之利……压萧关(宋萧关城，今海原县高崖乡草场古城)、明沙(今中宁县鸣沙镇)两戍，东控五原(盐州境内有五个原，即横槽原、可岚贞

① 本文所引《旧唐书》《新唐书》《宋史》均为中华书局点校本。
② 《旧唐书·吐蕃下》。
③ 《唐会要·州县改置》。

原……)、北固峡口(青铜峡口),足以襟带西凉,咽喉灵武……”郑文宝担任陕西转运使多年,曾十二次亲自率部送军粮入灵州,往返于环县、惠安堡、吴忠一线,其说不会有误。可见,当时人们多将罗山称作“乐山”,仍然与唐代的“达乐山”有渊源。

四、各民族的安乐之山

到了元代,回族开始在罗山周围定居。明代成为庆靖王的封地,又建韦州群牧千户所。朝廷设在灵州境的两个牧马苑,其中一个似在环罗山地区。但因鞑靼族经常越过长城,经铁柱泉、梁家泉、徐斌水一线南下掳掠,所以居民大量迁走异乡。到嘉靖年间,整个宁夏镇人口只剩 11 万多,形成“兵多民少”的局面。到清代,回族又开始大量进入这一地区。

纵观历史长河,环罗山地区曾有 20 多个少数民族定居繁衍。史籍中有文字记载的就有:先秦的猃狁、西戎,秦汉之际的匈奴、羌族,两晋至南北朝的鲜卑、敕勒族、柔然,隋唐五代的吐谷浑、沙陀、突厥、铁勒、回纥、吐蕃族,唐末至西夏的党项族,元代以后的蒙古族、回族。其中有些民族到后来演变成汉族或其他少数民族,而有些民族迁到这旦不久后,就再也找不到延续的脉络了,如沙陀、吐谷浑。总之,这些古代少数民族经过罗山地区安居乐业的洗礼,都完全融入了中华民族大家庭之中。

那么,为何这里能成为各民族融合的安乐之家呢?

古代人类以农牧业为主,要生存和发展,第一要有良好的生态环境,第二要有富饶的土地资源,第三要有丰富的水资源。

首先,环罗山地区古代生态条件非常好,适宜人类居住。唐代以前,罗山上全系原始森林。在宋代时,这里仍是“水甘土沃,有良木薪秸之利”。到明代,虽经多批移民垦殖破坏,但生态环境依然好。明代长史刘昉有诗吟曰:“蠡山雨洗高嵯峨,群峰叠翠攒青螺。我来信马上山去,马上观看频吟哦。平生爱此嘉山水,爱山不得住山里。到家移入画轴中,挂向茅堂对书几。”许多名人骚客,也都留下佳韵,描述蠡山的秀丽景色。如“草覆流泉暗,萝繁细路迷”;“水光山色远相召”;“菊枝披细雨,枫叶下清霜”;“山高蠡屹立,叠翠万重峦”……山上郁郁葱葱,群峰叠翠;遍山古木参天,地表覆草如毡,毡下流泉暗涌;秋天的枫叶菊枝,夏天的萝藤繁枝，都是江南山上才能见到的植物。环罗山地区生态环境的破坏，主要是在清代及近现代。笔者1981年到韦州采访一位自称年逾百岁（其他老者说他不足90岁）的老者，他回忆在民国初期罗山东麓生态已很恶劣，西麓稍好。问他为什么早年即从事长途驼运，他回答说："韦州，韦州，脚下土质好，川大口子小，风大雨水少，十种九不收。要吃隔省粮，必得跑高帮。"这里的"高帮"，是将骆驼比作黄河中的"高帮船"。民国初年的韦州回民，多数靠骆驼运输维持生计，其原因就是土地沙化。

其次是土地。罗山东面的平原，在古代称安乐川，"水甘土沃"。西面的红寺堡平原，直到明代仍是牧草茂密的草原。据明代成书的《皇明九边考》《九边纪要》记载，当时鞑靼骑兵南下固原掳掠，主要选水草丰盛的线路：从盐池县境内的长城"折墙"而入，经过铁柱泉、惠安堡，然后或经新红寺堡（今红寺堡团结村）至鸣沙、中宁一带，或经罗山西麓经旧红寺堡（新庄集南50余千米，今名旧寺堡子）、梁家泉、徐斌水南下固原。各种文献都说当时的红寺堡平原，是草茂之地。

最后是水资源。由于古代罗山森林茂密，植被良好，所以是很好的地表水涵养林。植被下面就是暗泉。罗山的四周，有无数的泉水。其中在古籍中有记载而闻名于世的就有好几处。如位于今太阳山镇的巴庄暖泉，笔者于1991年按《水经注》的以下描述很容易就找到："肥水又东北出峡注于高平川。水东有山。山东有三水县故城，本属国都尉治，王莽之广延亭也，西南去安定郡三百四十里……县东有温泉，温泉东有盐池……"这里的泉，是一处温泉，夏季水冰凉，冬不结冰，热气蒸腾。当时我看到的景象是：有5组泉眼在翻滚涌水，每组又有约10个泉眼。涌水区域约2亩地，积水很浅，约30厘米，清澈见底，都是很干净的细沙。涌出的水向北汇成约6亩之湖，湖的北面、东面边缘长满芦苇。湖水多了盛不下，便出西北角夺路流出。当地牧羊人说这便是甜水河之源。湖中有捕鱼者，见他当场捕得一条3斤多的鲤鱼。又如位于下马关乡红城水古城西面的泉水，就是唐《元和郡县图志》等记载的"铎落泉"、《嘉靖宁夏新志》记载的"富泉"。此泉至迟在明代已引出溉田。估计在唐、宋时也已利用，可惜缺文字上的明确记载。1984年笔者前往考察时，当地民众已挖成一条宽、深1米多的灌溉小渠，清澈的泉水奔泻而下。辛庄集境内的梁家泉，在多部明代史籍被提及。在梁家泉及旧红寺堡、徐斌水之南，还有45处泉水。明代在环罗山地区修建的城堡，其主要宗旨之一便是控制饮用水源。嘉靖十五年，刘天和任三边总制尚书，他在给皇帝的奏书中，力主放弃徐斌水经青沙岘至靖虏卫（今甘肃省靖远县）的六百五十里“固原内边”，而重新修建一条由徐冰沿红柳沟至鸣沙的一百二十五里新边。理由是“六百里平漫之地”“地势辽远，终难保障”；“守二百二十里易据之险，又占水泉数十处，断朔马饮牧之区，而召军佃种，可省馈饷。”[①]刘天和说的“水泉数十处”，都在红寺堡开发区的罗山之西、红柳沟之东北。居住在河套的鞑靼族骑兵每次南下到这一带就不想走，认为这里是“小河套”。当时有个叫许纶的大臣附议说，“由青沙岘以北，红寺堡以南，周环旷阻，有地数百里，水泉四十五处，草木繁茂，当入寇每驻牧焉，呼为小河套”；“徐斌水东北直接鸣沙州河岸……水泉数十处，又有林木之饶，耕屯可数百顷。”许纶描述的是明代罗山西侧的生态环境。这一地区至今仍有20多个地名以“泉”命名。这些泉水的水质都很好，味甘甜，可直接饮用。明代的韦州城东一里有东湖，再东三里又有鸳鸯湖。能形成天然湖泊，也说明当时水资源比较丰富。

具备以上三个有利条件，加之这里地近灵州，有朝廷屯驻重兵为安全保障，所以历代都有少数民族迁移到此，形成一个民族大熔炉。

（原载：《红寺堡历史文化研究文集》，宁夏人民出版社，2009年版）

① 顾祖禹：《读史方舆纪要》卷五十八固原州下引用嘉靖十五年总制天和的奏议。

“银川”得名与“凤凰城”的来历

吴忠礼

银川市位于宁夏回族自治区北部，东临黄河、西峙贺兰山脉，是自治区首府。下辖兴庆、金凤、西夏3区，永宁、贺兰2县，灵武1市。市政府所在城区的地理坐标为东经105°49′~106°53′，北纬37°29′~38°53′。坐落在贺兰山东麓洪积扇一级阶地向二三级阶地迁移的倾斜冲积平原上。总面积9503.3平方千米，2004年城市建成区面积89.2平方千米。现有市区人口75.82万，全市辖区人口140.69万。其中回族人口分别占22%和25.9%[①]。

银川市是全国的历史文化名城，西夏古国故都，从元朝开始，就是省会城市。银川地区的历史悠久，早在二三万年前的旧石器晚期就有水洞沟人在此劳动、生息、繁衍。多姿多彩的贺兰山岩画，就是生动记录银川漫漫历史和描绘先民们在黄河岸边、贺兰山麓战天斗地、顽强生存的一部绚丽的史诗长卷和亘古不变的庞大而又神秘的天书。银川不仅深蕴灿烂的历史文化内涵，而且又有独特的地理形胜和区位特点以及民族风情，也是多元一体华夏文明之光闪耀的圣地之一。所有这些，给银川赢得了崇高荣誉和极高的知名度。但是，如果要细细考问这块塞上江南的沃土——银川的由来，还未必真正有多少人能够说得清楚、完整和正确。现如今，伴随着改革、开放新时代和西部大开发新时期的到来，人们都把眼光投到了西部，不仅国人需要重新认识新银川，世界各国也需要更加具体了解银川。银川的“庐山真面目”究竟是什么样的呢？银川的由来你知道多少呢？

本文所要解读“银川由来”的内容包括三方面：银川的历史沿革和行政建置变迁，“银川”地名的形成和寓意，关于银川雅号“凤凰城”的传说。

---

① 翟新军主编：《银川年鉴》(2005年)，银川年鉴编辑部，2005年。

一、银川的历史和建置沿革

银川，或曰银川地区，扩而大之到银川平原，其历史是久远的。据银川东郊水洞沟考古发掘证实，大约在距今约二三万年的旧石器晚期，这里的黄河岸边就活跃着一支先民——水洞沟人。他们得到黄河的哺育，在漫长的生存实践中，创造了独特的水洞沟文化——我国发现最早的旧石器时代文化之一，是华北旧石器文化“周口店第一地至峙峪”系列中的重要一环。可见，银川地区也是华夏文明和黄河文化的源头之一。

人类社会从洪荒迈进文明之后，大约在史前至三代时期，银川平原地区凭借优越的自然条件，一直都是北方和西北许多少数民族牧居的乐园，诸如薰鬻、淳维、鬼方、猃狁、北狄、西戎、胡和匈奴等，纷纷以黄河之滨的银川平原作为大舞台，上演过许多威武雄壮的人间历史活剧。

今银川地区的行政建置，于秦、汉期间尚无文字记载。秦始皇统一六国，建立中国历史上第一个中央集权封建王朝时，分全国为36郡，在宁夏北部虽有朐衍、富平两县之设，并归北地郡（治今甘肃宁县）管辖，但当时秦朝防守范围并没有越过黄河天堑，而是“因河为塞”“城河上为塞”“以河为境”[①]，即“只是凭借黄河这一天险，在黄河沿岸修筑城障而已”[②]。宁夏沿黄河的城障，史书都有记载，在南部有富平县（今吴忠市利通区西北）境内的神泉障（约在今青铜峡市峡口一带），北部有朐衍县（今盐池县境张家场古城）境内的浑怀障（今银川市兴庆区月牙湖乡境内）。这些县治和军城，均无一不是位居于黄河东岸的。而且蒙恬经营塞上河防，连打仗带筑城设防，一共只有四五年时间，就连秦王朝也不过只存在15年时间，秦末天下大乱，匈奴部落又乘机南下，控制了黄河两岸的广大地区，秦朝在宁夏的开发和经营仅仅昙花一现而已。

汉朝取代秦朝以后，其在宁夏的行政设置已越过了黄河，在黄河西岸增设有灵武县（治今青铜峡市邵岗西）、廉县（治今贺兰县暖泉附近），并筑有南典农城（即胡城）、北典农城（即吕城）、上河城（即汉城）等。有些文著认为北典农城（吕城），就是后来的饮汗城，并说“这座管理银川平原屯田事业的小城是当时典农都

---

① 《史记·匈奴列传》卷一一〇、《史记·秦始皇本纪》卷六、《史记·主父偃列传》卷一一二。

② 钟侃编著：《宁夏古代历史纪年》，宁夏人民出版社，1988年版。

尉的驻地之一。此为银川建城之始”[①]。这一说法，在学术界尚有争议，因为此说只是建立在分析和推论基础之上的。

史书记载，银川的前身是怀远县，始建于东晋十六国间的北魏朝(386—534年)时期。初县治所名为“饮汗城”。赫连勃勃大夏国统治宁夏时期(407—420年)，被改称为丽子园，成为赫连夏王藏娇纳秀的花园行宫。北周建德三年(574年)恢复县制并增设郡制，仍名怀远，管辖范围相当于今银川市区和贺兰、永宁两县以及石嘴山、青铜峡两市部分地区，郡县同治一城。距今都有1540多年时间。至于饮汗城是何代所筑，它与北典农城(吕城)有无承传关系，史书查无凭据。对于怀远的记载，首见于《隋书·地理志》，志曰：“怀远，后周置，仍立怀远郡，开皇三年郡废。”[②]次见唐《元和郡县图志》，志云：“怀远县……本名饮汗城，赫连勃勃以此为丽子园。后魏给百姓，立为怀远县。”[③]三见于北宋官修地理总志《太平寰宇记》，书载：“废怀远县……周建德三年迁二万户于此，置郡及县，并名怀远。”[④]

至唐朝，怀远县发生比较大的变化。首先是隶辖关系扩大。唐怀远县，上无郡制，归隶于灵州大都督府管辖；县辖范围，从武德六年(623年)始，曾一度将所废丰州(隋五原郡)和九原县(均远在今内蒙古临河一带)，暂交灵州怀远县代管[⑤]。其次是城址西迁。原因是怀远故城，筑于黄河西岸之侧，在唐高宗李治仪凤二年(677年)，城被黄河洪水摧毁，不得不于次年在废城偏西高爽之地另筑怀远新城，即今银川市的老城区(兴庆区核心部分)。

五代时期，北方局面纷乱，怀远县被废，但怀远城未受到大的破坏[⑥]。进入北宋政权，初袭唐制，恢复怀远县，仍隶属于灵州。开宝年间(968—976年)，北方形势日益严峻，改怀远县地方行政为军镇，列为灵州“河外六镇”之一。咸平四年(1001年)被党项首领李继迁势力占领。天圣元年(1023年)，党项新首领李德明(李继迁子)率领总部从西平府(灵州)移驻怀远，并对城池进行整修与加固，改名为兴州(亦有天禧四年即1020年之说)[⑦]。李元昊继承父王李德明权位后，

---

① 本书编委会：《银川市志》之《大事记》《地理》，宁夏人民出版社，1988年版。
② 《隋书·地理志》《史记正义》卷二十九。
③ 李吉甫：《元和郡县图志》卷第四。
④ 乐史：《太平寰宇记》卷三十六。
⑤ 《旧唐书·地理志》卷三十八、《新唐书·地理志》卷三十七。
⑥ 《旧五代史·晋书·高祖纪第四》卷七十八。
⑦ 吴忠礼：《宣德宁夏志笺证·沿革》卷上，宁夏人民出版社，1997年版。

于北宋明道二年（1033年），把兴州升格为兴庆府。北宋景祐五年、西夏天授礼法延祚元年（1038年），元昊称帝、建大夏国（史称西夏），以兴庆府为国都。大约在西夏乾道元年至大安十一年（1068—1085年），再改兴庆府为中兴府[①]。

12世纪后期，蒙古族称雄北方，于南宋开禧二年（1206年），成吉思汗建立蒙古汗国。他于南宋宝庆三年、金正大四年、西夏宝义二年、成吉思汗二十二年（1227年），率蒙古大军灭了西夏国。至蒙古中统二年（1261年），元世祖忽必烈在西夏国故地开设行省，名为“西夏中兴等路行中书省”，辖境相当于原西夏国的疆土。后虽几经变更，但仍以兴州为省治。至元二十三年（1286年），再次罢撤中兴省，改设甘州行省，原中兴省降改为中兴府路，隶属于甘州行省。至元二十五年（1288年），中兴府路改名为宁夏府路，古银川城又从省城降格为省辖的府城。宁夏府路与中兴州、怀远县同治一城。中兴州只管怀远一县，辖境相当于今银川市3区范围[②]。

朱明王朝建立，初袭元制，宁夏府、州、县三级建制没有变化。但是，由于败退到大漠的残元复辟势力不断南下内犯，北边不靖，宁夏首当其冲，成为御敌巨防要区，列为明朝北国防线的“九边重镇”之一。洪武五年（1372年），宁夏官府和人民曾一度内撤而“空其城”。洪武九年（1376年）设立宁夏卫。明廷在宁夏实行军政合一的地方管理形式，不设府县，只设军卫，是一种特殊的举措，时银川称为宁夏镇城。洪武二十四年（1391年），又封皇十六子朱㮵为“庆王”，负责镇守宁夏边镇[③]，庆王府和各郡王府都建在镇城。建文年间（1399—1402年）朝廷委派挂“征西将军印”的总兵镇守，同城亦驻宁夏巡抚。明代宁夏地区在管理方面比较特殊，宁夏虽非省级布政使司衙门驻地（省会），但又派巡抚、总兵和亲王同镇，显然因区位重要而享有准省级的待遇。所以在地方行政上归陕西布政使司管辖（如六盘山地区的州县），而在军事上则又归陕西都指挥使司节制（如北部黄灌区的卫所屯守地方），是一种二元体制。时宁夏设有宁夏卫和宁夏前卫、中卫、后卫以及宁夏左屯、右屯、中屯七卫。除宁夏中卫和后卫外，其余五卫均同驻镇城[④]。各军卫再通过下辖各千户所，对军事战守和屯垦任务进行具体实施。

---

① 吴忠礼：《宣德宁夏志笺证·沿革》卷上，宁夏人民出版社，1997年版。
② 鲁人勇、吴忠礼、徐庄：《宁夏历史地理考》卷十三《元朝》，宁夏人民出版社，1993年版。
③ 《嘉靖宁夏新志·总镇》卷之一。
④ 《明史·兵二》卷九十。

在宁夏是全民皆兵，三成军事、七成农耕。防守与屯垦范围相当于今宁夏北部的黄灌区和盐池、同心一带。

满洲贵族入主中原建立清朝，由于满蒙一家亲，历史上中原王朝长期以来对北方设防的国防格局已基本上没有多大实际意义，黄河、长城、贺兰山等天险的军事作用大为下降，作为军事要塞的宁夏地位，亦相应下降。有清一代，宁夏北部地区的行政管理，已降为甘肃省的一府之地，所以清代的银川被称为宁夏府城。同时甘肃省分巡宁夏道和宁夏县、宁朔县三衙门以及宁夏总兵帅府也同驻于府城。宁夏道，是甘肃省的派出机构，属于宪官。宁夏府为一级地方行政管理机构，上隶于甘肃省，辖宁夏（今贺兰县）、宁朔（今青铜峡市）、中卫（今中卫市）、平罗4县和灵州（今灵武市）、花马池分州（今盐池县），后又增设宁灵厅（今吴忠市利通区金积镇）和宝丰（今平罗县宝丰镇）、新渠（今平罗县姚伏镇）1厅2县①。

中华民国建元（1912年）后，北洋政府颁令全国统一废府存道。宁夏府被裁，而宁夏道改名为朔方道，银川城又称为道城（群众口头俗称为“宁夏城”）。上下隶辖关系没有变化。民国18年（1929年）宁夏与甘肃分治，建立行省，原道城变为省城，但是省会银川市的名称直到1947年才正式被南京国民政府批准。

1949年9月23日，中国人民解放军第十九兵团解放银川市，宣告宁夏省解放；25日，中国人民解放军银川市军事管制委员会成立，暂时代行全省最高权力，十九兵团司令员杨得志任主任；29日，银川市人民政府成立，孙璞任首任市长。12月1日，银川市各界人民代表会议召开；23日，宁夏省人民政府成立。十九兵团副政委兼政治部主任潘自力出任中共宁夏省委书记兼省人民政府主席。银川市成为新宁夏省省会。1954年9月，中央决定撤销宁夏省建制，并入甘肃省。同时设立银川专区和中共银川市委，银川市划归银川专区管辖。1958年10月25日，宁夏回族自治区成立，银川市又成为自治区首府，直至今天没有改变。

二、取名“银川”的原因和经过

原宁夏省的省会和今自治区的首府城市之所以用“银川”二字命名，原因是多方面的，它的形成有一个曲折的历史过程。对此，社会上和学术界有各种各样的说法，见仁见智，各持一理，莫衷一是。归纳一下，有四五种说法。

---

① 《清史稿·地理十一》卷六十四、《民国朔方道志·舆地志上》卷二。

(一)文人怀旧托古的雅趣

文学家和诗人在进行诗文创作时,为了使其文句避免直白而达到文学上生动、形象和含蓄的一种意境,往往在文中不采用直陈其事、直呼其名的笔法,有时运用代称、隐喻,以怀古抒情来追求文句的高雅。如古书中常以太皓、苍穹指代天,以乌兔、金乌指代太阳,以玉兔指代月亮,等等。如韩琮《春愁》诗写道:“金乌长飞玉兔走,青鬓长青古无有。”古典名著《西游记》中亦有“兔走乌飞,看古今兴废”的文句。还有以太翁代称曾祖父或祖父,陆游《戏遣老懷》诗中的“稚孙能伴太翁嬉”,就是写祖孙同乐的情景。对名人的姓名称呼也有此习,如称唐代大文豪韩愈,往往不呼其名,而依其郡望,称为“韩昌黎”,因他的家乡是昌黎县。称地名亦然,如以“三秦”代指陕西省,以“三晋”代指山西省,以“燕京”代指北京市,等等。今宁夏银川地区,古为灵州、兴州和朔方属地,史书中曾以“灵夏”“银夏”“麟夏”“银麟”泛指过今宁夏和陕北地区。可见宁夏早就与“银”字有不解之缘而紧密地联系在一起了,至少从南北朝到唐代时期,今宁夏与毗邻的陕北地区在地名上就被并称连呼过。特别是北魏年间,在陕北设立了夏州(治今陕西靖边县白城子),北周间又曾设置过银州(在今陕西榆林市横山区境东),到唐朝时又改为银川郡。此外,隋唐时期还在今陕北地区设置过夏绥银宥节度使。唐代,今陕北地区成为党项羌族拓跋氏的割据势力中心地带。而到宋朝,陕北更是宋与西夏争夺交战的主要战场之一。北宋雍熙二年(985 年),银州(银川郡)城被西夏军攻取,元丰五年(1082 年),宋军又于永乐城旧址(今陕西米脂西北)重新修筑一座新城,取名“银川寨”或曰“银川城”,此城军事地位十分重要,成为宋夏在军事上的必争之地,于是当时和后来的一些史书便把古夏州、古银州与古银川城联系起来而泛泛呼之,从此,银与夏就彼此相连、密不可分了。到了明朝,在一些官员和文人们的笔下,为了表达抒发怀古之幽情,托古之雅趣,有时别出心裁附会古意,有意识以夏州含射宁夏,而同时亦以银州或银川来隐喻兴州与后来的宁夏城(今银川市)。如明朝按察副使曹琏的《西夏形胜赋》,开门见山的第一句就是“翳夏州之大郡”。比“夏州”谓何?结合内容来看,文章所谓夏州,就是指古西夏,也是指明代宁夏镇城,因为文内所提到的,“带河渠之重阻”“水旋绕如环雍”“营兴广武”“园开丽景”“灵武秋高”“蠡山之云”“贺兰晴雪”“汉渠春涨”和诸如花马池、鸣沙州、应理州、平虏城以及昊王陵等地名都在宁夏境内,可见此文以夏州代指兴州即今银川市[①]。又如在山西省《永济志》中所载《重修河渎海神庙记》的记文中，所提到的捐修人郭之琮，曾担任过宁夏巡抚。因而记文对此载述是：郭之琮“开府银夏”，显然又以“银夏”指代明朝时的宁夏和宁夏镇城[②]。明朝还有一位宁夏巡抚王崇古在《北风行别总戎吴西台》的诗中，也有“三年肩我靖朔银，九秋驱驰丹心竭”的句子，这里又以“朔银”代称明疆宁夏和九边重镇的宁夏镇城[③]。朔，显然指宁夏全境；银，则具指镇城了。看来明代人正在逐渐把以“灵夏”“银夏”“朔银”和“银麟”等域名概念拿来指代古西夏和宁夏镇的大范围，并逐渐向具指镇城（宁夏城）的点上转移与缩小。不过这时在诗句、文章中所提到的“银”和“夏”等字和词，还基本泛指宁夏全境，尚无明确的地名意义。

终于，明朝后期，坐镇指挥西北四大军镇的三边总督刘敏宽，在他所作的一首诗中首次带来了突破。他在《秋日杨楚璞中丞抚临良唔长城关四首》之一中曰：“楼台矗矗冠层峦，无限华夷树大观。缥缈烟霞随剑履，横斜星斗乱旌干。须凭驼岭临河套，遥带银川挹贺兰。函谷玉门堪鼎足，金城百二入安澜。”[④]刘敏宽，山西运城人，万历五年（1577 年）进士，万历四十三年（1615 年）由延绥巡抚升任陕西三边总督，开府固原（今宁夏固原市），节制延绥、宁夏、甘州和固原四大军镇兵马和统一指挥西北各战区的战守军务。这首诗应是他在担任三边总督时，由固原赴花马池（今宁夏盐池县）执行防秋阅边任务时，在长城关（为明花马池城东门外长城关门）上西眺贺兰山下宁夏镇防区即兴所赋。诗中所提到的“银川”已不是以古银州或古银川来进行隐喻射比古兴州和宁夏镇城了，因为诗句写到了河套，并与贺兰山同时出现，所描写的长城或黄河就如同两条带子，不仅“遥带”着“银川”，而且还“挹”注着“贺兰”。所以从诗句与整个诗意来看，诗中的“银川”，已实实在在是在确指宁夏银川平原或宁夏镇城了。这也不难看出，直至明朝后期，仍然没有以“银川”确指镇城，所以镇城之内也没有出现以“银川”命名的情况发生。就连文人们最喜欢在书院的命名时，采用怀古的做法也没有出现，当时镇城的书院分别命名为养正、揆文和朔方等名字。

清代以后，情况就大不一样了，人们开始纷纷看中“银川”一词，并渐渐在宁

---

① 《万历朔方新志·词翰·诗》卷四、五。
② 吴廷燮：《明督抚年表·宁夏》卷三。
③ 《万历朔方新志·词翰·诗》卷四、五。
④ 《乾隆银川小志·关隘》（不分卷）。

夏大地上广为使用，又从河西灌区慢慢收缩而具体定位到宁夏城的一点上，最终完全成为这座古城的别名和代称了。清代宁夏府隶属于甘肃省管辖，府城即今银川市。在历史文献中，首次以“银川”代称府城，见于康熙四十七年（1708 年），宁夏水利同知王全臣的《重修汉渠暗洞落成》的诗中有：“河流运行汉唐中，双拖百练舞长虹。唐徕西绕兰山麓，汉延绵亘唐之东。……曾闻河源来自天，一曲伏流路几千，或是天公聊小试，暂移鳅穴到银川。”[①]在王全臣之后，较早使用“银川”影射宁夏城的是通智，他是清廷兵部侍郎，雍正四年（1726 年）奉旨到宁夏主持修凿惠农、昌润二渠。雍正七年（1729 年）渠成，他亲自撰写了《惠农渠碑记》，碑文一开头就写道：“黄河发源于昆仑，历积石，经银川，由石嘴而北……”[②]立碑应在渠成放水之时，可知，宁夏古城以“银川”代称，真正出现在清朝康熙、雍正之际。到乾隆十八年（1753 年），宁夏府知府赵本植在府城（今银川）成立一所书院，就首次命名为银川书院[③]。第二年，他的家庭教师汪绎辰又用两年时间编撰了首部关于府城的志书，也定名为《银川小志》[④]。乾隆二十四年（1759 年），中卫县《龙神庙碑记》亦记曰：“中邑夹河而治，决引灌溉，据银川之上游……”[⑤]次年修成的《中卫县志》，在《边防考》中称：“中卫实银川门户。”同时期的诗文还有中卫武庠生员周守域所作的《胜金关怀古》文中写道：“云茫茫，峰兀兀，雄关崛起势嵂崒，北有沙漠之纵横，南有长河之滂浡。银川到此启管键，禁山带水不可越。”[⑥]至雍、乾之后，出现类似的诗文就更多了。如在平罗县大武口贺兰山东麓寿福寺（俗呼北武当山寺）所立的《武当山建立狮子碑记》曰：“宁郡之北路，平邑西北乾方武当山者，乃山林古刹，西夏名蓝，映兰阜之来龙，结银川之胜果……”[⑦]还有孙良贵的八景诗《官桥新水》。诗曰：“鸣沙启宇逼西戎，浩浩车书万里同。水近银川堪鼓棹，桥如京洛好乘骢。”[⑧]从此以后，各种带“银川”的诗文层出不穷，“银川”之称已渐渐家喻户晓，深得人心，被宁夏城乡广大人民所接受。

从上述一系列资料中，我们大体可以认为，文人们以“银川”抒发怀古幽情，

---

① 《乾隆宁夏府志·艺文·诗》卷二十一。
② 《乾隆宁夏府志·艺文·诗》卷二十一。
③ 《乾隆银川小志·关隘》（不分卷）。
④ 《乾隆银川小志·关隘》（不分卷）。
⑤ 《乾隆中卫县志·艺文编》卷之九。
⑥ 《道光续修中卫县志·艺文编》卷之十。
⑦ 《武当山立建石狮子碑记》（作者自录原碑）。
⑧ 《道光续修中卫县志·艺文编》卷之十。

而比照后来的宁夏引黄河灌区的银川平原和府城,大约发端于明朝末年,大兴于清朝前期,但以"银川"具指府城,就笔者所见到的资料,可以暂时认定为始于清康熙四十七年(1708 年)。

(二)地名迁徙的结果

"银川"地名之所以能从他地播迁到宁夏安家落户,这与在宁夏建立西夏国的党项羌族有着密切的关系。这一支少数民族部族,原先居住在今四川、西藏、青海和甘肃等省区的交界地区。在隋唐间,由于不断受到吐蕃的挤压,便不断东迁,先后落脚于今甘肃东部、陕西西北部。到唐朝末年,其中较大的一支拓跋氏"平夏部",已定居夏州。由于该部出兵帮助唐廷镇压黄巢农民起义军和收复长安有功,其首领拓跋思恭被唐僖宗破格封为定难军节度使,并赐国姓为李和爵号"夏国公"。在唐末五代的动乱年代中,党项族乘中原战乱无暇西顾,并利用各地方割据势力的矛盾,大胆南犯西扰,大肆抢劫人口和财物,使其势力一天天壮大,渐渐成为西北地区一支不可忽视的地方割据武装集团。至宋朝初,党项部不仅控制着夏州、银州、绥州、宥州、静州等大片土地,其新首领李继迁又运用外交手段,取得了辽国的支持,肆无忌惮地与宋朝相对抗,并开始从较为艰苦荒旱的原根据地夏、银等州地方向西部闻名遐迩的"塞北江南"作战略转移。北宋咸平五年(1002 年)李继迁率部攻占灵州(今吴忠市利通区境内),将其部族政治中心迁到灵州,改称为西平府,为后来建立西夏国打下了基础。李继迁死后,其子李德明继夏国主之位,于天僖四年(1020 年),又将势力从河东扩张到河西,攻占了河西重镇怀远镇城(今银川市),并改名为兴州。德明死后,其子元昊继承王位。元昊当权之后,升兴州为兴庆府,并在完成一系列准备工作后,于北宋景祐五年(1038 年),在兴庆府设坛祭天,自称皇帝,改元为天授礼法延祚元年[①]。兴庆府成为西夏国的都城。

党项拓跋氏部族既然在古灵州、古兴州地区先后建国、称帝,后来人们渐渐就把党项人老家和发祥地区的地名,随着这支羌人的迁移而相应地进行迁转。西夏国的统治阶级党项羌族来自雪域高原的川藏青甘地区,这支民族的祖祖辈辈都敬畏着雪山并崇尚白色,所以西夏国在党项人族内实际上称之为"白高国"或"白上国"。"银"与"白"往往紧紧相连,称为"银白色",白银与黄金一样,是

① 李范文主编:《西夏通史》,宁夏人民出版社,2005 年版。

高贵和富有的象征。所以早在他们的祖居地就有“银川”的地名出现(后留下银川驿地名)。拓跋氏在唐以后又世代割据陕西北部夏、银等州地方,所以夏州与银州又成为这个部族的世居地和新的家乡,而且创建夏国的始祖、被追封为西夏国太祖的李继迁又出生在银州(银川郡),他的家族几代人都世袭着定难军节度使的职位,夏州、银州、绥州、宥州是其家族的世袭领地,他本人也长时期官于此地,先后被宋廷授为银州刺史、银州观察使等要职。在他叛宋之初,银州更是他的第一个据点,在这座城中,他与宋军发生过多次血战,终于打败宋军而站稳了脚跟,可以说银州是党项人取得政权的发祥地。所以当西夏立国以后,便称兴州为中京,灵州西平府为西京,而称银州、银川城为东京。党项拓跋氏入主灵州、兴州建立大夏国以后,刻意恢复本民族的历史文化特点,已经渐渐汉化了的生活习惯被人为地弱化。李元昊在即位、称帝前就一再强调,衣皮毛,事畜牧,这是我族的习性。他坚决反对父辈们“重汉礼”的汉化倾向。他掌权以后,特别在称帝前后,在国中提倡蕃礼,推行党项本民族的旧俗,严令全国推行党项传统的发式——秃发,禁止用汉人风俗结发,并自己带头剃了头发,“然后下令国中,使属蕃遵此,三日不从,许众共杀之”。进而“令国中悉用胡礼”,将九拜改为三拜,革五音为一音,文武官员皆“以蕃号命名”,令其着本民族服饰,并创立西夏文字,“立蕃字、汉字二院”,还以法律的形式确立西夏文字在夏国文化中的地位。他本人也坚决废弃唐皇、宋帝所赐的李姓和赵姓,自号“嵬名氏”,自称“吾祖”(青天子之意)[①]。在这种强烈的民族意识支配下,党项一般民众也很自然地把其本民族的生产方式、生活习俗和世代居住地的地名悄悄地带到了黄河西岸的新家园。这不仅是人民群众的一种心理需求和精神寄托,也是一个民族争取自立和不受外力影响的必然。不过只是在民族内部使用,或仅是心理上的认同,而并没有出现在官方文书之上。历史上的地名,随着部族的迁徙而迁徙的现象在各民族之中都普遍存在,如中原人南迁后在所谓“客家”人共居的新区,不仅带去了中原城镇村落名字,甚至一些桥梁、坊市等名称都在南方新家园中重现。这在地名学上叫作“同源地名的播迁”,是一种很普遍很正常的现象,古今中外不胜枚举。宁夏境内,历史上也曾多次出现过。如南北朝时期,在今银川市兴庆区月牙湖乡境内出现的历城郡,就是北周时期迁徙安置历下(今山东济南)民众时出现的地名迁

① 李东东、马汉文、吴忠礼:《宁夏历史名人》,宁夏人民出版社,2005 年版。

徙。相反，秦代在今吴忠市境内建立过一个富平县，因汉末羌人起义，地方动乱，全体官员与富平县治一起，两次迁往内地，最后再也没有迁回原地，现在陕西省的富平县就是因为这段历史而留在关中的。宋时党项人入主今宁夏地区以后，从故里带到新家园的地名，也不只是一个“银川”，还有宁朔、平羌、暖泉、镇罗等皆属之。元代统治阶级对党项羌族这支勇敢的民族大存戒心，对之采取消灭、遣散的政策以分其势，更不可能允许这个民族以祖居和发祥地的地名来重新唤起党项拓跋氏的民族精神，尤其特别忌讳其始祖李继迁的诞生、成长和成就大业的圣地“银川”的地名再度出现与使用。只有到了元朝灭亡以后，“银川”地名才有可能重新浮现出来并得到重新使用，这是不以个人的意志为转移的，历史本身也证实了这一点。在地名迁徙一派观点之中，还有另一看法，即承认银川地名是从陕北播迁到宁夏，但不承认银川地名原系从党项祖居地的雪域高原迁至陕北。他们认为银川地名就是从陕北开始出现的，因为党项羌族盘踞在陕北时期，其中心居地处于无定河的支流古圁水一带，汉代就有圁阳县，因城在圁水之北故名。因此处出产一种名贵的骢马被称为“乞银”（番语译音），所以水名“圁”（音银）。党项在此水之域所建的城，便称为“银川”（川亦水之义）。

（三）从地理环境特征而产生的附会之说

由于后人不解古人之意，加之道听途说，以讹传讹，对于“银川”地名的真实内涵和美好寓意，已被渐渐淡忘和曲解了，便慢慢在民间产生了一些演义性的附会传说。其中有根据宁夏地处河套沃区，自古号称“塞上江南”，又有“黄河百害唯富一套”和“天下黄河富宁夏”之赞誉，而宁夏的黄灌区也的确是河渠成网，“举锸为云，决渠为雨”，“丰稻秫，足鱼盐”，旱涝保收的塞北鱼米之乡。于是后人便依照人们视金、银为富贵之物的想法和往往喻富沃之区为金、银之乡的习惯，把这块富庶土地称之为金、银之区。宁夏时属甘肃省一府之地，而甘肃省早就有“金张掖、银武威”之说在先，又有金川之名于前，所以要从地名方面来赞美这块沃土和这个城市，便自然而然只有“银川”之名再妥帖不过了。另外，还有一种说法，大概是从古城地区四周的自然环境与地貌特征而自编出的另一个版本。因为古城近在黄河西岸，地处贺兰山冲积扇平原，这里大地平衍，河水流动平缓，造成黄河走向容易左右摆动，就出现了所谓“三十年河东，三十年河西”的现象，加之贺兰山各山谷洪水、泉溪的共同作用，于是在河西大地上就逐渐形成了众多的湖沼湿地，围绕古城地区还有民间称之为所谓“七十二连湖”的说法。它们星罗棋布分散在古城四周的大地上，其中近城的名湖有高台寺湖，史载为“大湖万顷，水色山光一望豁然”。还有南塘、金波湖、月湖、鹤泉湖等环城流光。在城内又有逸乐园、永春园、寓乐园、赏芳园、后乐园和西园等花园水景，使古城呈现出城在湖中、湖在城中的高原湖城奇丽景观，所以自古以来这座古城又有“水抱城”之称。从史书上我们可以看到，这块土地在南北朝时期就已经是被称为“塞北江南”的鱼米之乡了。唐朝诗人韦蟾的一首七言绝句诗写得明白：“贺兰山下果园成，塞北江南旧有名。”①清代乡儒刘芳猷在赞美家乡的一首《朔方》诗中也写道：“西峙贺兰爽气凌，东流黄水日奔腾。人烟漠漠联村落，畎亩鳞鳞傍水塍。塞北江南名旧得，嘉鱼早稻利同登。偶看儿女弓刀戏，不觉临风百感增。”②正因为银川城外河渠密布，湖沼湿地连片，城乡大地一派江南水乡美景，举眼望去，到处是碧波万顷、银光粼粼、水天一色的水晶宫气派。再加上由于黄河两岸地势平坦，地下水位较高，排水不畅，土地盐渍化较为严重，在银川平原的大地上，除了湖泊湿地外，又多呈现白色盐碱环境，形成了四野茫茫，银装素裹，一派琉璃世界出现在人们的眼前。所以1936年5月，上海《大公报》著名记者范长江在宁夏采访时发表的报道中写道：“宁夏土质，碱性最重，地面常呈白色，故宁夏古名‘银川’。因这块葫芦形的地带中，常如银地一片也。”③以上两种地理特征说，虽然是望文生义、牵强附会的演义性误传，但在非研究人群中，特别是在民间社会之中还是相当普遍的，大有以假乱真之趋势。为了不贻误后人，不混淆历史，所以更有必要正本清源而正视听，还历史的真面目。当然，笔者的分析本身是否正确，也有待方家赐教了。

（四）一些误会的传讹

还有一些文人，由于对西北地区的历史缺乏了解，或一知半解，往往在自己的文著之中出现张冠李戴的错误。这一类错误以《元史》为代表。在《元史》卷六十的《地理三》之中，于“宁夏府路”条目之下，对府路的历史沿革记载中，将宁夏与夏州混为一谈，而认为夏州是宁夏的前身。曰：“宁夏府路……自唐末拓跋

---

① 录自《全唐诗》五六六卷。
② 《乾隆宁夏府志·艺文·诗》卷二十一。
③ 范长江：《中国的西北角》，四川大学出版社，2010年版。

思恭者镇夏州,世有银、夏、绥、宥、静五州之地。宋天禧间,传至其孙德明,城怀远镇为兴州以居,后升兴庆府,又改中兴府。元至元二十五年(1288 年),置宁夏路总管府。”这里不必深责编修《元史》的宋濂、王祎等人,因为《元史》是在朱元璋的压力下,于洪武二年(1369 年)仓促编纂,又于当年草草刊刻,而当时明军还没有完全占领宁夏地区,对此地的许多情况还不甚了解,所以出现这样的错误也就可以谅解了。但是,《元史》毕竟是正史,它并不是文人们托古、怀旧的文学比喻和影射的手法,而是对历史事实的误载,国家的正史,本应该传信史给后人。但是,由于它的错误,才影响到宁夏元后地方志书的一系列错误,其恶果是不可低估的,其错误也是必须要坚决纠正的,不能再让它以讹传讹而贻误后人了。

另外,还有人提出一种类似很新颖的看法,认为“银川”之得名,是由它独特的地理区位而形成的。因为银川古城位居黄河西岸的贺兰山东麓,突出并暴露在敌方的前沿,故史书称其“地当敌冲”“孤悬河外”,并在有关史地书籍中曾把这里列为“化外”“河外”的特殊地区。从字面上理解,末端者、突出者,称之为颖。所以就认为“银川”实“颖川”的转音。因为银川是突出在河外,位处北方战区的末端,故称为“颖”川。这种说法,目前笔者还没有看到过有关文著和运用史料对之进行论证,如有所论,哪怕是自圆其说,倒也不失为一家之言。

银川市命名的经过是这样的:1928 年,北伐告成之后,中华民国南京国民政府宣告成立,在各派政治、军事集团利益分配的背景下,宁夏再度设立行省,新省基本上以前明宁夏镇和清朝宁夏府(道)为基础,其省会城市仍为前明宁夏镇城和前清甘肃宁夏府城。这时的西北各省(除新疆省)完全在冯玉祥系西北军集团势力的控制之下,当时对省会的名称曾作出讨论,有人认为该市在著名的贺兰山下,故主张省会应定名为“贺兰市”。又有人认为,在宁夏民间,广大民众早已习惯称府城为“宁夏城”,不如既顺应民意,又照顾到老百姓的习惯,以“宁夏市”为省会的名字较好。还有提议以怀远、朔方等为名的各种不同的意见。在正式设省之前,曾先出现过宁夏行政区的建置,当时甘肃省政府主席刘郁芬曾倾向于将宁夏行政区首府城命名为宁夏市,并于 1928 年 1 月 14 日颁发过成立“宁夏市政筹备处”的指令[①]。后因筹设宁夏新省,此事交由新设行省办理。但新省主席从

① 《甘肃省政府政令类编》(一)。

门致中、吉鸿昌到马鸿宾、马福寿(代理)等人,前后不仅因为如同走马灯式地换来换去,每人都是席不暇暖就走了,而且当时的宁夏形势十分混乱,“司令”如毛,土匪猖獗,所以每个主席上任之后,只忙于武装自卫和为征兵筹饷而加紧搜刮,至于给省城命名的事,当然也只能是暂付阙如了。后来更是由于新军阀之间战争烽烟又起,尤其是蒋冯阎中原大战尤酣,再也无人顾及给一个小的省城起名字的这件小事了。

中原大战以蒋介石集团的胜利而告结束。由于马福祥父子在中原大战前后,先后叛离冯玉祥而投靠了蒋介石集团,为了奖赏马家回族武装小集团对蒋氏中央的效忠,蒋介石先后任命马福祥为安徽省主席、马鸿宾为甘肃省主席、马鸿逵为宁夏省主席。1933 年,马鸿逵率领他的第十五路军进驻宁夏,就任宁夏省政府主席。马鸿逵在内地的大舞台上闯荡了多年,本来看不上宁夏这个小舞台,但此时其父马福祥已去世,失去了靠山,也就只好收起野心回到宁夏省主席的任上,否则连这块地盘也可能会被他的堂兄马鸿宾拿去了。再说宁夏虽小,但却是一方好山好水,从民国之初,就是马家武装集团占据的地盘,是马家父子们走向全国的发祥之地,马鸿逵也口口声声称宁夏为“桑梓”和“第二故乡”。所以马鸿逵此番重返宁夏,是把宁夏作为自己的根据地和最后的落脚点加以重视,并准备好好进行一番治理的,他的治理是从整顿地政和建设省城开始的。

马鸿逵于1933 年3 月1 日,以宁夏省政府主席、十五军总司令和国民党宁夏省党部主任的三重身份,在省城宣誓就职视事。4 月 11 日,由他主持召开的省政府委员会第 130 次会议上(从建省计起),授意刘抡英委员向大会提出“为本省省会拟请设市”的议案。会议当然无条件“通过”这一提案。会议最后作出《决议》:“原则通过。提交民政、财政、建设、教育四厅长和提案人详细审查。”同年 5 月 26 日,在省政府第 131 次会议上,马鸿逵亲自提议道:“根据海涛等五位委员报告,为奉令审查‘省会拟请设市’一议案。遵于 4 月 30 日开会审设,兹审议办法两项,请公决案。”与会委员一致通过《决议》:“先设筹备处试办。”

1934 年 1 月 8 日,在宁夏省政府委员会第 140 次会议上,马鸿逵再次亲自提议:“据呈拟具‘银川市筹备处组织规程’,是否可行,请公决案。”会议的《决议》是:“修正通过。”同时决议:“于 1 月 9 日公布颁行。”就是说,此次会议正式决定宁夏省会采用“银川市”的名称，而且次日就要“公布颁行”[①]。与此同时，宁夏省政府向南京国民政府行政院呈送“关于成立银川市政府筹备处的报告”。但由于时局的变化和中日大战即将爆发，南京政府的档案早已打包运往开封、洛阳，最后转运到重庆，加之抗战兵燹，形势维艰，对于宁夏省要求设立省会银川市的报告，一直延至 1945 年 8 月，才以南京国民政府(平壹字)第 18388 号行政院令，正式公布了《宁夏省银川市政筹备处组织规程》。接着在 1945 年 11 月至 1947 年 5 月，南京国民政府先后发表(渝字)第 987～1025 号等多次政府令，任命了银川市政府筹备处的一些办事机构和负责官员。于 1947 年 5 月 27 日，行政院最终发布(从洪学字)第 20051 号令，正式公布《宁夏省银川市政府组织规程》(九条)，按组织规程，银川市政府可荐任或简任市长 1 人，下设 5 个科，编制 32～47 人。至此，宁夏省会银川市宣告成立，首任市长为李振国[②]。

1949 年 9 月 23 日，中国人民解放军第十九兵团解放银川市，标志着宁夏省的新生。29 日，新宁夏省会银川市人民政府宣告成立，孙璞被任命为新银川市的首任市长[③]。从此银川市在中国共产党的领导下，发生了翻天覆地的变化，成为大西北的一颗明珠和社会主义中国的一座历史文化名城。

三、凤凰城的传说

银川古城的历史久远，何时被称为“凤凰城”，典出何处？据笔者的一孔之见，大约有史志记载和民间传说两个方面的来历。

(一)史志记载

据民国初年出版的《朔方道志》记载，认为：宁夏城的“凤凰城”之说来源于古城的形状。清代间，宁夏人形容府城整体形似一只凤凰，东西大街较长，如同凤身，南北大街较短，如同双翅，东门外的高台寺恰似凤头，高台寺有前楼一间又似凤嘴(或凤冠)，等等。《朔方道志》卷二十二的《人物志 · 技艺》门类中，收录有清代宁夏府一位道术很高的风水先生王雨堂。志载：“王雨堂，善青乌术。宁夏郡城象凤形，以东部高台寺为凤首，层台峻宇，地势雄胜，前建危楼，翼然于上。

---

① 《宁夏省政府公报》(民国 34 年第 165—168 合期)。

② 胡迅雷、孙国标：《国民政府公报宁夏省资料汇编》。

③ 本书编委会：《银川市志》之《大事记》《地理》，宁夏人民出版社，1988 年版。

咸丰丁巳，郡有富室某，嫌楼地狭隘，晏会局促，扩为三楹。雨堂语人曰：‘高台寺为凤首，前楼凤口也。兹以宴饮之私，妄更古刹，凤口受创，五年后大劫至矣。’人有笑其耄而妄者。咸丰庚申，雨堂归道山越。癸亥，郡遭回祸，几无孑遗，此台亦毁于火。”这则真人真事告诉后人两条信息：一是“凤凰城”之说原本只是根据城池的形状演绎而来的；二是“凤凰城”的传说，最早出现于清朝咸丰年间。因为不仅王雨堂的传说中有明确的时间记载，而且在明朝的志书中也可以找到佐证。在明朝宁夏庆王朱栴所纂修的宁夏首部志书《宣德宁夏志》卷上的《城垣》一节中，对古城是这样记载的：“旧城未知筑自何代？周回十八余里，东西长倍于南北，相传以为人形……”两志对照可以看出，所谓“凤凰”形，不过是从“人字”形进一步发展、演化而成的美丽传说而已，并且这种传说的“版本”越演越多，故事内容越来越形象和具体，进而从书本上传到了民间，被广大人民群众所接受，并对它不断进行再加工、再创作，以至于后来渐渐有了“凤凰城”的传说，在民间广为流传着。

（二）民间传说

关于“凤凰城”的传说，并不是宁夏独有的故事，全国以“凤凰城”传说赞美一个城市的在不少省内都有，如湖南湘西的凤凰县城，辽宁丹东市的凤凰说，陕西宝鸡市的凤县以及新疆的玛纳斯县，旧有南北两座城，亦素称“凤凰城”，等等。因为在中国的龙凤文化中自古以来就视凤凰为神鸟、幸福鸟，可见“凤凰城”的种种传说，不过是寄托了人民群众向往美好生活，企盼有一个优美、宜居的自然环境心愿罢了。宁夏“凤凰城”的传说在回族和汉族民间都有不同内容的故事流传着。对于这些不同内容的故事进行综合整理，大体上可以分为美好生活说、赞美家乡说、救危扶弱说、古城形状说和混合说五种类型。

第一种传说的故事内容大概是说：宁夏原来的自然环境条件很恶劣，人民生活艰苦，每年南飞经过宁夏的大雁看到了这些，对宁夏人民深表同情，于是大雁们飞到南方以后，就把这一切告诉了生活在南国优越条件下的各种飞鸟走兽们，其中有好心的“凤凰七姐妹”听后特别激动，尤其最乐于助人的“七妹”，便产生了挺身救助宁夏受苦受难各族人民的想法，后在众姐妹的鼓励和帮助下，她带着姐姐和众乡亲们赠送的各种“宝物”，毅然离别美丽的家乡，在大雁的引导下，来到贫穷落后的塞北。七妹先用簪子在大地上画了一些道道，就变成了纵横的水渠，让荒旱的宁夏成为旱涝保丰收的天府之国；又把五彩石安放到地上，就变成巍巍的贺兰山，挡住西北方向吹来的风沙。再把五谷和神草撒向大河两岸，结果到处是树木成林，花草成片，鸟语花香，五谷丰登，六畜兴旺，就连六姐妹为怀念她所送的头发，也撒在河滩上变成了“发菜”，宁夏从此成为“塞上江南”的鱼米之乡。

第二种传说的故事内容大概是说：宁夏本来就是一个人好、民风好和山美、水美的好地方，所以招来了凤凰，而“凤凰不落无宝之地”，从此宁夏增添了“红、黄、蓝、白、黑”的新“五宝”，使得宁夏山河更加美丽，各族人民的生活更加幸福美满。

第三种传说的故事内容大概是说：有一股入侵者或强盗来伤害宁夏地区热爱和平生活的各族人民，一只凤凰同情这里的人民，便化为一座坚固的城池，把人们保护在城内，解救了宁夏人民；或者又传说，有一只凤凰直接挺身与恶人进行搏斗，虽然身负重伤，但却锄杀了欺压人民群众的地主、恶霸，使人民得到了解放。

第四种传说的故事内容大概是：从前在修筑宁夏城时，人们盲无目的地在不适合建城的地方大兴土木，而日夜辛勤地劳作着，一只聪明的凤凰看在眼里，急在心中，就将筑城的标杆用嘴叼走了，扔到最适合建城的地点，官民恍然觉悟，这是神鸟的提示呀，于是弃旧址改在新址筑城，就建成了银川古城；或者传说，古时人们在修筑古银川城时，劳民伤财，给各族人民带来了极大的痛苦。一只凤凰知道此情，为了解除人民的苦难，它舍身化作一座固若金汤的城池，从而免去了人民的苦役。

第五种传说的故事内容大概是：以城池东西长于南北的形状特点，演绎成，即东西大街是凤身，南北大街为凤翼，东部高台寺如凤首，寺前阁楼若凤嘴（或凤冠），钟古楼可算作凤心，西门外贺兰山桥指作凤尾，承天寺塔（西塔）和海宝塔（北塔）当然就被视作凤爪了。

最后，有一些更聪明的民间故事编创人，干脆将上述种种内容糅合到一起，编成为一种综合性的故事，以满足人们各种向往、追求的心理需求。

银川人民带着美好的愿望，骄傲地称自己生活的家园为“凤凰城”，银川人民世世代代传唱着一首歌谣：“瓜儿哪能离开秧，孩儿哪能离开娘，银川人民啊，咋能离开美凤凰!”听啊,我们的金凤凰在引吭高歌。凤凰不鸣呀,一鸣惊人,看啊,我们的幸福鸟展翅了。凤凰不飞啊,一飞升天。新银川,大银川,在新长征的新征程中高歌猛进。

银川,美丽的凤凰,腾飞吧!

(原载《共产党人》2006 年第 7 期)

隆德名称由来及地名文化

杨七斤

隆德地处六盘山西麓，宁南边陲，“北通银夏，南连秦巩，东接平泾，西趋兰会”。境内关山险阻，水道西行，历来为兵家必争之地，故有“关陇锁钥”之誉。“隆德”之名，由北宋朝廷所赐，距今有千年的历史。

“隆”取之于羊牧隆城之“隆”，羊牧隆城则由邪没笼川蕃语翻译成汉语而来。隆德境内是少数民族聚居的地方，早在夏商周时期，隆德境内就居有戎族。据《史记·匈奴列传》载，早在商周间就已“放逐戎夷泾洛之北”，即六盘山及周边地区。西汉初年设月氏道，建月氏城，即第一个民族县的建制。两晋南北朝时期，隆德为鲜卑族、羌族、氐族等少数民族的聚居地。隋唐时隆德属监牧之地，安史之乱后吐蕃占领河西、陇右，隆德境内为吐蕃属地。北宋天禧元年（1017 年）在邪没笼川（今西吉县火家集）筑羊牧隆城，置羊牧隆城寨。庆历三年（1043 年）羊牧隆城寨改为隆德寨，隶德顺军。金皇统二年（1142 年）改隆德寨为隆德县，县沿寨名。元大德八年（1304 年），并陇干县入德顺州，后改为静宁州，领隆德县。隆德县城从羊牧隆城（今西吉县火家集）迁至陇干城（今隆德县城），隆德县辖原县境与德顺州所辖地。明因元制，嘉靖三十八年（1559 年）十一月改属平凉府。清因明制。直到民国 31 年（1942 年）设立西吉县，火家集归西吉县管辖，其他辖地未变。

“德”取之于德顺军之“德”，德顺军之名由朝廷所赐，德顺军治所在陇干城，即今隆德县城。德，德隆之谓也。有两个意义，一个是得道的得，一个是道德的德。北宋大中祥符七年（1014 年），渭州知州曹玮在今隆德县城请筑陇干城，又叫笼竿城。为什么叫陇干城，因为六盘山在唐代以前一直叫陇山，此城东南为陇山（今六盘山）主峰米岗山，海拔 2942 米。陇干城位于陇山之主峰下，“陇干”之名，寓意“陇山主干”。庆历三年（1043 年）在陇干城置德顺军，初辖陇干、羊牧隆城、静边、得胜四寨，后辖隆德、静边、得胜、通边、治平、怀远六寨。金皇统二年（1142 年）改德顺军为德顺州，将所辖六寨改为六县，包括隆德县。“隆德”之名，则由陇干城、德顺军、羊牧隆城延续而来。

笼竿城城门楼

隆德地名文化厚重，丰富多彩。隆德是陇山文化的发源地之一。六盘山古名陇山，地处宁夏和甘肃南部、陕西西部三角地带中心，孕育了博大精深的陇山文化。隆德县位于陇山主峰之下，地名文化厚重，旅游资源丰富，自然景观和人文景点众多，其特有的边塞地名文化、军政地名文化，游牧民族地名文化和现代地名文化相互交融、相得益彰，不仅是陇山人民的宝贵财富，更是中华文化不可或缺的精髓所在。

隆德边塞地名文化特点突出，陇干城、羊牧隆城，或陇干寨、羊牧隆城寨，这都是当时军政合一的政权机构，它位于宋夏两国的边境线上，属于边塞地区，这就形成了当地以陇干川、陇干城、羊牧隆城等古地名为代表的陇右边塞文化。另外，以陇山为题材表现陇右边塞文化的诗歌有很多，最早的汉《乐府民歌 · 陇头歌》：“陇头流水，鸣声幽咽。遥望秦川，心肝断肠。”从南朝、唐宋到元明清，以《陇头水》为题的诗歌就有好多首，如唐代沈佺期的《陇头水》：“陇山飞落叶，陇雁度寒天。”明清时期以“六盘山”“隆德”地名为题材的诗歌更多，如明代姚孟昱的《过隆德次六盘山》:“六盘山色昼常阴,溽暑行过寒亦侵。”清代下三元的《早发隆德过六盘》:“跨鞍出郊坤,征鞭不少停。”这些诗无不体现隆德境域作为陇右边塞地区的风貌特色。尤其是毛主席的一首《清平乐·六盘山》留下了“不到长城非好汉”的长征精神,使六盘山名扬天下。

隆德军政地名文化特点突出,隆德地处“关陇锁钥”战略要地,“六盘扼久塞咽喉,七关襟带”。历史上为兵家必争之地。在隆德境内发生大大小小的军事战争不计其数。最著名的有康定二年(1041 年)的宋夏好水川之战,“好水川”地名沿用至今,今隆德县好水乡就位于好水川。隆德境内修筑的用于军事的城、堡、寨、烽堠不计其数,城有陇干城、羊牧隆城等,寨有陇干寨、羊牧隆城寨、隆德寨、六盘关寨等;作为宋夏两国的边境沿线,城、寨的地名延续到今。堡有神林堡、邸店堡、东山堡等,神林堡、邸店堡这些地名延续至今,成为今天的神林乡、奠安乡。烽堠有北象山、南凤山、东山烽火台,三里店、七里店、杨家店烽燧,牛站山、马站山、卢家咀、乱柴、神林、沙塘墩等。这些地名今天一直沿用,这些地名文化丰富了隆德地名军政文化的内容。

隆德游牧民族地名文化特点突出,隆德是北方游牧文化与中原农耕文化的结合部,古代有许多民族在这里聚居。早期以游牧为主,兼营农业。汉、唐、宋、元时期,匈奴、羌、吐蕃、党项、蒙古等游牧民族与中原王朝连绵不断的战争,西北地区一度成为汉族与游牧民族的战场。其中“邪没笼川”“羊牧隆”地名就是游牧文化的典型代表。汉文帝时,境内设月氏道,并建月氏城,专门安置被匈奴击败的月氏族归附者。月氏城就设在今天的隆德县观庄乡大庄村西蕃岔,名叫红土城。这是隆德大地上的第一个县级民族行政建置。隋朝初年设立陇右牧,设置总监、副监、丞,统一管理各牧地,设立驴骡牧,隆德境内属于监牧地辖地。唐代“安史之乱”后,西北边防空虚,吐蕃乘机占领河西、陇右,进入宁夏南部,隆德境域被吐蕃占领,地名“西蕃塆”就是唐代吐蕃居住的地名,沿用至今。在元代出现的地名如“达子沟”就是蒙古族居住的地名,沿用至今。清同治年间,回族各派如陕西回族、河州回族安插在隆德县聚居。隆德自古深受中原农耕文化和北方游牧文化影响,多民族聚居,使这里的农牧文化特色浓郁。这里的农耕习俗、礼仪习俗、节日习俗、饮食服饰接近陕西、天水等地的风土人情。而一些娱乐活动、艺术表现又深受游牧民族生活习惯的影响,比如百姓挂灯笼,据说在唐代,吐蕃族人用竹子编的灯笼，绑在竹竿上挂在院墙上以祈求平安，并给夜间过路的人照明。后来演变成节日的花灯。还有表现游牧民族骑马征战的场面，演变成节日欢庆时装扮的马社火。擀毡、哇呜、口弦（箅档儿）、剪纸等，都是游牧民族文化的具体表现。

隆德县城

山河桥

鲁晶宇

宁夏的乡镇、村落，以桥为名的不少。如银川市的西门桥，永宁县的望乡桥，中卫市的迎水桥，海原县的观桥……其中古桥不多，过去光知道银川市南门外有永通桥，固原市南河滩有座安安桥，都建于明代。宁夏平原沟渠纵横，没桥就不能出行，大小桥梁数不清。但是，这些桥都很简陋。栽上木桩，横担柳木，铺上柴草覆上土，便谓之桥。年年都要翻建，没有什么奇特之处，更没有科技含量。然而，在一次旅途中，竟意外地发现一座桥梁，既有悠久的历史，又有独特的建桥技术，而且古桥遗址尚在，新老交映，颇有情趣，它就是中卫市沙坡头区与中宁县交界的山河桥。

一、找瀑布发现瓮洞桥

前些年国庆长假，驾车旅游从固原返银川。到了小洪沟服务区，觉得时间还早，听旁边的驴友说起中宁有个小瀑布，便打听路径，决定去看一看。

出了中宁收费站，从古城村岔路向西拐，沿中宁至中卫宣和堡的公路行十几分钟，便看见一座桥梁，桥头栏柱上写有“山河桥”三个大字。我们一行下车，就在桥上游20多米找到了瀑布。瀑布不大，宽约30米，高约5米。但因崖石奇形怪状，形成乱流下泻，倒也好看，有点微缩壶口瀑布的感觉。回头看那座半新的公路桥：跨径大约90米，造型采用赵州桥式的双曲拱。正在这时，河对面一老者赶着一群羊，却从圆形桥拱的下游走了过来。见此佳景，驴友们赶忙取景照相。而我，则穿过桥孔去询问老伯，终于打听清楚：这里的地名叫山河桥；河流叫清水河，发源于固原的开城，长300多千米，是宁夏境内最长的黄河支流；桥下游不远就汇入黄河；因河口有座小山叫泉眼山，所以就把这座桥叫作“山河桥”。我十分好奇地问:“你刚赶着羊走过的是不是桥?什么时候就有了?”老伯见羊群散了,只说了句“这就是老桥.年代说不清,早得很呢”,然后就拢羊群去了。

我们大家都对“老桥”发生了兴趣。这里原本应当是一道石梁,也有一道瀑布。但是,石梁之下约3米,却有一个瓮形大洞,人工开凿的痕迹很清晰,高约4米。清水河的全部水流,就从瓮洞下泻,大约只占洞口面积的五分之一。石梁的顶部,则是混凝土浇筑的公路路面,宽约6米多。我给它取了个名字:瓮洞桥。但建于何时,何时停用,仍是个谜,引发了我的好奇心。

山河桥的瀑布

1943年夏在中卫宣和堡红崖子人工凿成的瓮洞桥
一直使用到1990年(2010年10月摄)

坚固耐用的瓮洞桥(原照片 1983 年摄,此为翻拍)

俯视瓮洞桥

二、查档案找到新线索

要解开瓮洞桥之谜,必须从新桥的建设入手。由于我从 2007 年起,从事宁夏交通博物馆文献资料搜集工作。几经周折,找到一张黑白照片,是一辆带拖挂的解放牌货车,正经过瓮洞桥,拍摄时间为 1983 年。随后,又在公路勘测设计院找到了新山河桥的工程档案。档案相当完整,记录新山河桥的概况为:位于宁卫路上,桥梁中心桩号 9k + 625,桥长 84 米,桥面宽 9 米,上部为中国桥梁传统造型——双曲拱结构,下部基础为重力式墩台,1990 年 10 月建成通车。设计任务书说：这里原有一座木拱桥，1941年清水河发山洪被冲毁。当时的宁兰公路就从这里经过，然后经中卫寺口子，再翻越香山，经兴仁堡到达兰州。时值抗日战争，一切物资都要首先保证军需，钢材、水泥尤为紧缺。而这里河宽40多米，河水湍急，形成两道6～10米高的瀑布，所以不能采用桥墩、桥桩。如用木梁，一跨又到不了对岸。拖到1943年夏，几个常年护路的路工队队员想出个奇招，解决了这道难题。具体办法是：在形成瀑布的隆起石梁底部，开凿一个高3米、宽2.4米、底部进深10米的隧洞，让河水从洞中下泻；将石梁顶部凿平，变成公路的桥面，长43.4米，宽5米，只能供一辆汽车行驶。这座"瓮洞桥"，竟然比永久式桥还要坚固，除了桥面，其他从未维修过。唯清水河洪峰到来时，要禁止车辆通行，但洪峰一过，立刻恢复交通。在干旱少雨的宁夏，能威胁桥面的洪峰极少，所以实际是常年畅通无阻。到1989年，宁卫路交通量猛增，而瓮洞桥桥面太窄，属单行线，成了这条路的"肠梗阻"。所以，交通厅批复立项，建设新桥，并定名为山河桥。设计文件准确记录了新桥周边的地名，以清水河为界：南面有几十户人家，属当时的中卫县宣和乡红爱村，因当地崖石泛红色，旧名红崖子，"文化大革命"中改为"红爱"（现名宏爱村）；北面没有民户，地属中宁县古城乡。

这次调查新山河桥档案，还得到一条重要的新线索："据地方志记载"，这里自古有桥。那么，古桥建于何时？是什么桥型？我决定继续探索。

三、造型奇特的伸臂木梁桥

中宁县成立于1933年，以前属中卫县管辖。为走捷径，我决定先查中卫旧地方志。清代有两部《中卫县志》，一部为乾隆二十五年（1760年）黄恩锡主修，另一部为道光二十一年（1841年）郑文吉续修。两部志书的《关梁》，都列有"山河桥"，并说有二座，"一在上，为自宁安通寺口之道，乾隆十七年重修；一在红崖子东，为自宣和通宁安之道，乾隆二十年重修"。文中的宁安，即宁安堡，今中宁县城；寺口，即中卫市沙坡头区的寺口子。对桥梁的建筑工艺，道光续修县志是照录乾隆《中卫县志》，但其中有2字为笔误。现按乾隆本录于后：

其桥皆因崖岸垒石作基陛，节节相次。排木纵横接比，更为镇压，对岸俱向赴中，去三四丈并大材。以板横次之，外施钩栏，悬空而行。

这是一座独具特色的"伸臂木梁桥"，因像伸出的两只手握在一起，故又名

“握桥”。当地民众则俗称“跷起桥”。建桥方法是：先将两岸崖壁凿成阶梯形，然后以石料砌成阶梯状的基础；每层基础压一排略微上翘的方木；下层方木最短，以上一层更比一层长，层层向河心挑出；待到两岸挑出的方木相距三四丈时，再搭一层长木作为梁，横铺木板；最后在两侧做好钩栏，一座没有桥桩的悬空桥便架设成功。这座桥所跨河道，水流湍急，有两道瀑布。古代没有钢筋水泥等材料，既无法建桥墩，也无法立木桩，为了克服跨径大与材料抗弯强度的矛盾，所以采用一种特殊的结构：运用我国古代建筑“斗拱”层层挑出的原理，既能增加跨度，又可缩小主梁的长度。著名桥梁专家茅以升的《中国桥梁史话》，就专门介绍了这种独具匠心的“伸臂木梁桥”，并说全国有两座，一座在沙州（今敦煌），另一座在“宁夏惠农县境内”。惠农县的桥梁，都建在黄河冲积平原上，两岸没有石崖。茅先生引用的建桥工艺，也和乾隆《中卫县志》的文字基本相同，只有五处使用了近义字。因此，“惠农县”属笔误，应为中卫县。按《朔方道志》记载，建在红崖子的下山河桥毁于光绪八年（1882 年），故在此另建新桥，跨三孔。因当时新的建筑材料已经出现，所以没有采用伸臂木梁结构。

总之，山河桥这个地名，浓缩了宁夏的桥梁史，有独特的中国传统建桥工艺可鉴，有反映交通前辈聪明才智的瓮洞桥遗址可循，有传承“双曲拱”技术的现代桥梁雄姿。所有这些，都属厚重的地名文化遗产，应当继承和保护，至少应列入市级文物保护单位。

1990 年修建的山河桥

这也是一片红得耀眼的土地

——宁夏同心县革命老区纪行

庄电一

这也是一片红色的土地：这里，曾留下过许多老一辈革命家和历史名人的足迹；这里，曾发生过许多永载史册的重大事件；这里，许多革命遗迹至今仍然有迹可循。然而，时至今日，外界对此还知之甚少、知之不详，这里也远不像井冈山、延安等革命老区那样闻名遐迩。正因为如此，笔者一直有个愿望：专门对此做一次采访，向外界做一次专门的介绍，让人们都能了解那段历史并有所感悟。

这个早在20世纪30年代就被红色染过的地方，就是宁夏的同心县。同心县位于宁夏中部干旱带上，回族人口占85%以上，也是个地域辽阔的大县，虽然近年来相继划出去一些村镇，但仍有4644平方千米土地。

最近，笔者实地踏访了一些革命遗迹，印象颇深。因为有同心县党史专家杨文元的引导和介绍，笔者对那里的红色历史有了比较清晰的了解：中国共产党早期曾在同心县写下了壮丽的篇章，而这些是值得我们永远珍视的！

中国第一个革命民族自治政权在同心县诞生

现在，人们都知道我国有5大自治区，其中，内蒙古自治区成立最早，时间是在1947年。而早在1936年，中国共产党就在宁夏的同心县建立了第一个民族自治政权——豫海县回民自治政府。正是这个虽然存在时间不长但却书写过辉煌历史的红色政权，为中国共产党此后推行的民族自治政策提供了宝贵的经验，开创了我国民族区域自治的先河。

回民自治政府是1936年10月20日至22日在同心清真大寺成立的，当地回族农民马和福作为回民的杰出代表当选为自治政府主席，多位老一辈革命家出席了成立大会。由于自治范围不仅包括当时的豫旺，还包括邻近的海原县4个乡镇，所以这个新生的红色政权就被命名为“陕甘宁省豫海县回民自治政府”。随后，中国共产党又在其下辖的乡镇建立了红色政权。1936年11月后，红军挥师东进开赴抗日前线，马和福的工作转入地下。1937年2月，马和福被反动民团逮捕。4月3日，他在同心城西门外的河滩上英勇就义，年仅44岁。这个新生的红色政权，也因此停止了活动。作为革命烈士，马和福受到了党和政府的褒奖和人民的缅怀。1953年，当地政府在同心县城修建了马和福烈士陵园。

如今，与马和福一起闹革命的老人基本都不在了。但笔者却有幸在豫旺镇见到了当年豫海县回民自治政府的委员，也就是杨文元的岳父，他已是96岁高龄了。虽然他已经卧床多日、奄奄一息、不能再说一句话了，但笔者还是为能见他最后一面感到庆幸。

笔者曾不止一次参观过同心清真大寺。如今，这个坐落在同心县县城以南1.5千米处高地上的清真大寺仍然相当完好，是当地回族群众和各地游客向往的地方。这座建于元末明初、集中国古典宫殿楼阁艺术与伊斯兰建筑风格为一体的清真大寺，是我国现存的十大古老清真寺之一。现在，它不仅仍被回族群众作为宗教活动场所，而且作为重要的革命遗存和重要文物被严格保护，也吸引各地游客前来参观。

几年前，为庆祝宁夏回族自治区成立50周年，当地以马和福为主角、以豫海回民自治政府成立的史实为背景拍摄了电影《同心》，在全国产生广泛的影响。

西征红军与长征红军在同心县会聚

同心县是许多老一辈革命家魂牵梦萦的地方。1986年7月，笔者在同心县采访时就遇到了专程探访革命遗迹的共和国开国上将萧克。因为老将军在红军长征途中曾经来过这里，而当他故地重游时，已是50周年之后了。又过了10年，也就是1996年8月13日，同心县负责人到北京拜访萧克，老将军欣然提笔，书写了“红军长征陕甘宁，三军会聚同心城”十几个遒劲有力的大字相赠。

萧克将军提到的“三军会聚同心城”，是我党我军历史上值得大书一笔的事件。

那是1936年11月中旬，陕甘宁省豫海回民自治政府刚刚成立，参加长征的红军二、四方面军来到了同心，由彭德怀率领的西征红军正在同心开辟革命根据地。三军会聚，欢欣鼓舞。在同心县县城外的河滩上，会师的红军与当地群众举行了场面热烈的万人军民联欢会。自治政府主席马和福致了欢迎词，朱德、彭德怀、贺龙、张国焘都讲了话。刘伯承、贺龙、徐向前、聂荣臻、萧克、关向应、张国焘、陈昌浩、徐海东、王首道、唐天际等200多位红军将领都参加了大会和相关活动。就在这次会师之后，红军便挥师东进，开赴抗日前线了。

对这次军民大联欢，许多亲历者都有清晰的记忆。

毫无疑问，这是红军历史上一次重要的事件，会师的规模也超过了此前的甘肃会宁会师和宁夏西吉县将台堡会师。

西征红军在同心县播下了革命的火种

1936年6月16日，西征红军攻下了同心县的豫旺堡。随后，又相继攻破了红城水、下马关、王团庄。彭德怀司令员的西征总指挥部就设在豫旺堡。

在红城水，至今还保留着红军当年书写的标语。但像那样的革命遗迹现已很少了，因而每一件都显得弥足珍贵。

由于年代久远、风雨侵蚀，当年的西征指挥部已经无迹可循了。同心县党史专家杨文元费了很大劲，才在豫旺镇的一个清真寺库房里找到一根弹痕累累的房梁。虽然这根混杂在一堆烂木头中的房梁已是破旧不堪了，但它却是西征指挥部唯一留存下来的实物，那上面的弹洞充分说明了当年战斗的激烈程度。

在同心县下马关，杨文元带笔者爬上了一堵高高的古城墙。这里是明代修建的下马关古城南门的箭楼，杨文元告诉笔者，当年由徐海东任军团长的十五军团指挥部就设在城楼上，徐海东就是在这里接受美国记者斯诺的采访的。如今，物是人非，古城城墙仍在，当年在此书写过不朽篇章的人大都作古了，但红军在此播下的革命火种，却将这片土地烧得通红。

西征红军不仅在同心县建立了县、区、乡红色政权，而且在回族群众中传播革命真理，留下了民族团结、军民团结、关心群众、尊重回族宗教信仰和生活习俗的许多佳话。

历史的镜头曾在同心县定格。

同心县的革命遗迹，保持下来的虽然不多，但还是有迹可循，因为历史的镜头曾在这里定格，大量珍贵的照片忠实地记录了那段波澜壮阔的历史。而这，要感谢一个重要的历史人物：他就是被毛泽东称作中国人民的老朋友的美国记者斯诺。

1936 年 8 月，美国记者斯诺来到同心县的豫旺堡，继在陕北保安采访了毛泽东、周恩来、张闻天等中央领导人之后，斯诺在同心县又采访了彭德怀、徐海东等红军高级将领，并将他的所见所闻写进了世界名著《西行漫记》（中文译名，英文译名为《红星照耀中国》）里，第一次向全世界介绍了中国共产党和它领导下的工农红军，使人们看到了中国未来的希望，也看到了红星照耀下的西北解放区的真实状况。

斯诺在陕甘宁根据地总共采访 3 个月，在同心县豫旺堡逗留就有 1 个月。斯诺在同心的采访，是一次深入的采访，因而也是一次收获颇丰的采访。在《红星照耀中国》中，有近三分之一的内容是在同心县采写完成的。他在同心县的足迹和他写下的文字、拍摄的照片，均已载入史册，成为我们了解那段历史、研究那段历史的珍贵资料。

参观过革命历史图片展的人，都会对彭德怀身跨战马的威武雄姿留下深刻印象。其实，那张照片就是斯诺在同心县豫旺堡拍摄的。

在《红星照耀中国》中，有一章题为《红色陶工徐海东》，那是斯诺在同心县与徐海东同吃同住采访一周才完成的。

在同心县寻找革命遗迹时，杨文元带笔者专门看了一个用砖围砌的黄土堆。原来，这里原是一段古城墙。《红星照耀中国》封面上的小号手吹号的照片，就是在这里拍摄的。

严格说来，这幅著名的经典图片，应该算作一幅“摆拍”的照片。那位“小号手”，此时已不是小号手了，虽然他只有 19 岁，却已是红军的一名营教导员了。他是江西省兴国县人，名叫谢立全，1955 年被授予少将军衔。据知情者和当事人回忆，当天清晨，斯诺在豫旺堡南城墙附近散步，看见一队号兵正在练习，就拍了一张集体吹号的照片，但他不太满意。当他看见刚刚换上新军装、佩带手枪、精神抖擞、正在指挥操练的谢立全时，马上兴奋地让翻译对他说："请你站到这里来，对着红旗来吹号。"他还特意挪动了一下这面写有"中国人民红军抗日先锋军"的红旗，让谢立全迎着初升的太阳、以这面红旗为背景拍下了这幅堪称经典的照片。随后，斯诺将这幅照片命名为"抗战之声"并把它用在了《红星照耀中国》的封面上，使它广为人知。20 世纪 70 年代，谢立全在《人民画报》上看到了这幅作品，写信告诉妻子：照片上的小号手，就是他自己，他还告诫妻子不要张扬此事。现在，红军小号手吹号的雄姿，已变成一座雕塑，竖立在同心县红军西征纪念馆门前。

当年，很多历史名人在同心留下了佳话："大鼻子红军"，就是豫旺堡老百姓和孩子们对斯诺的爱称。与斯诺同时来访的美国医生乔治·海德姆（祖籍黎巴嫩），就是根据豫旺堡回民多姓马而正式改名为"马海德"并就此参加中国革命的，1937 年，马海德加入中国共产党，1950 年加入中国籍，成为第一个加入中国籍的外国人。红军总医院院长傅连璋就是在同心提交结婚报告的，朱德亲自为其主婚并在结婚仪式上说出了一段令人难忘的话："同心这个地方好，同心城里结同心，同心同德，革命到底！"

在不久前举行的一个专门研究这段历史的研讨会上，有关专家表示，70 多年前的这段历史，值得我们认真总结、好好研究、发扬光大。

同心，是个值得历史铭记的地方；同心，是值得我们永远珍视的精神家园。

大美鸣翠湖

王泳冰

鸣翠湖,藏着一块磁铁
一块自然的磁铁,安放在鸣翠湖
小巧、隐匿,发出锃亮的光
造访者,被它引诱和迷醉
忘记了归途
它那么神秘,究竟藏在哪儿——
鸟群扇动的气旋内
芦苇丛清幽的桨声里
还是水车古老而蹒跚的步履中……
哦,它们,这些鸣翠湖的精灵
都是磁铁的一部分
释放着身上的美与蛊惑
一个巨大而幽深的磁场
笼罩天地,笼罩了你我的耳目
就在这里濯洗尘垢的俗身
安顿疲倦的灵魂,在宽大的气息中
恢复久违的明眸和纯真
——将磁铁的光,小心收好
而后,忘乎所以地
搂起鸣翠湖的细腰
得到成吨的鸟鸣与闪电

太让人羡慕了，这成吨的鸟鸣
倾泻在耳朵里
流淌成一条辽阔、清澈的大河
而我在河边濯足，歌唱
把心交给亮泽的涟漪
忘记了晨昏
从俗世赶来鸣翠湖，没想到
会丢失了身体
会在一场天籁的风暴里
融化成一滴易逝的水
鸟儿啊，你们翻飞在空中
苇丛里的身影
我不能一一记取，可那一声声
穿透天穹的吟哦
仿佛一道道神明的闪电
叫我惊醒、战栗，得到大雨倾盆般的
清凉与干净

《山魂》组诗

苏延根

贺兰山

腾格里——风煮黄沙　补丁摞补丁的岩石
把沉睡的亿万年码成悬崖
落在贺兰山——就是贺兰山上一堵堵丰硕的峭壁
高 3556 米的贺兰山峰
从顶出发　沿嶙峋欲飞的陡峭
雨点越来越力不从心
向九曲黄河借水　以高原俯视平原的神圣与虔诚
养猪马牛羊鸡鸣狗吠　养飘香的稻花低头的瓜果
养青翠欲滴的门扉纵横交错的远方　养胡杨从贺兰山口出发……
腾格里横行的那点小心机　芨芨草像一枚枚探索的银针
指引沙丘底的温润到蓝天下跋涉的驼铃
一千口湖盆像一千双期待的眼睛……
贺兰山——200 公里绵延南北　30 公里贯穿东西
立在西北巍峨的手掌　飘点雪吧
贺兰山手捻银须　手心手背都是肉——
举杯酒　举万家灯火
举塞上江南　举世世代代塞外的梦想……

六盘山上的魂

一

此地甚好　白云打扮好了仙境
最初的声音　一滴雾凇从高处
跳入水中　与阳光没有多大的纠葛
生命之水路过此地的时候
拦腰将它截住　你看
漫山遍野的绿笑起来是多么的灿烂
从雪地上穿行的飞禽走兽
高度与人惊奇地相似　连同每天散落
在地上的朦胧　六盘山不慌不忙
它比旭日高出2928米　阻挡黄土高原上
的茫茫风沙

二

刚到四盘山腰　季节旋转了180度
我在山脚认识的和风开始深居简出
寒冷封锁红树林的上方　天地之间
仙风道骨的雾雨　忽如一夜春风开满山坡
匆匆脚步不过是一棵能够行走的树
将寂静扛上了肩　仿佛抵达终点
瞬间走空的车厢　总留一些古老的故事
去留之间让我铭记　瀑布展开雪白的银幕
等待我们出发的口令

三

山道六盘　更加料峭　更加
惶惶然地在身前身后旋舞
眼下毛骨悚然——那么明天——
毕竟山峰到了　从山峰向上伸入

离蓝天又近了26.8米的高度
汉白玉浮雕的记忆比我们深——
《七律·长征》《清平乐·六盘山》
伟人的词　把一座万年沉寂的山
惊动花开四季　一朵花后的双眼
自诩各自的目的　握紧拳头举起
宣誓的轻重　有幸青山
收留硝烟散去的忠骨　当时间
越来越深　深如海洋的时候　茫茫宇宙
长征精神永放光芒是我们苦苦寻觅
的塔灯

银川湿地繁衍出尘世壮美的诗章

祝宝玉

一

鸣翠湖和阅海，堆叠时光的厚度，吐纳本色的呼吸，
想象出人间的列阵
一衣带水，构设一帧如梦锦绣。静，是一种简约的清欢
往行银川湿地，百鸟合鸣
展开纸上的江山，卸载作秀的文字，请来落日清风
白鹤独立，柔化成一点水墨
身子微微倾斜，自顾言语
学美人照镜，山在身后，更远的地方诗意阑珊
出世之感，在言语之外。彼此落座，慢条斯理，喝茶，不语

二

走笔银川湿地，打听黑鹤的讯息
一程迟到的飞翔，悄然退出人间的喧闹
省略了很多次生活的奔逃，皈依一枚绿叶上，自我疗伤
在银川湿地的网页上，输入我的名姓
登录季节的葳蕤，于是，一片芦苇荡显现，一群水鸟翩跹
此情愈浓，而我已经习惯了深居简出
襟怀一片明月和涟漪的湖波，涌出平平仄仄的韵调
载岁月清欢，运抵银川湿地
以浪漫主义的旗帜，招摇过往的鸿雁
此处相思深深，春风浅浅

在银川湿地的经纬里盘桓，日升月落
与鸣翠湖一同复原，往事轮廓
横在眉端，清欢有痕
重置中年的漏斗，一切重新开始，抑或踏上返乡的小径

三

澄明，悠远，淡香
捡一枚石头打磨粗糙的内心，细腻如鸟鸣
赋予时光深处，取得密令，打开银川湿地的美学叙述
阅湖之水东流，分行万千诗句
湿漉漉的月光里掬水，不怕寂寞
抛石头向远方，迭起圈圈涟漪，光线纯真
一根白色的羽毛翔飞，深陷蔚蓝的天穹，灵魂浮在天空
俯瞰银川湿地，染绿纸上的雪
密集的，大片的，植被恢复青春
零碎的记忆逐渐拼接，完整的，和谐的，云层越来越薄
忧愁从世间消匿。将有春风临至

四

鹤泉湖，进入故地
安慰的足痕，在山水的表层上徘徊，归途中的人
勾勒着半生的浪迹
概括，抑或总写，关于银川湿地最难下笔的地方
以淡雅的形式阐释内心的宁静
溢于言表的红绿，悄然盛放在另一种景致里，拉近美的距离。
踅入银川湿地，并爱上了这方热土
把举过头顶的繁荣安放在岁月的经纬上
抽象大地的符号，如此动情，又如此丰富
柔软的石头，语言的崖壁
目光与思念同时抵达，越过苦难的经文，梦入银川湿地
从此，时光不再匆匆

五

把梦想带入银川湿地,黄河,古渡,外滩
冲击的水流,向东
冲刷骨骼,洗涤现实与理想的谷底,清洁一新
声音借道古意,黄河一退再退
退回窄窄的纸角行距,退回时间的起点
更高之处立着一群中华秋沙鸭,素颜
把晚年的自己炼成一块石头
置放在鸣翠湖三岛栈桥畔,动用桃花朵朵绽开
移除身体内最坚硬的部分
一角美景,比时光更洁白
银川湿地,另一个我与草木握手言和,不再瞩目功名
采取缓降的姿态,深入热情的内核

如诗如画鸣翠湖

保建国

从河东机场往银川走，过了黄河后，你会看到有一片一望无垠的大湖泊。这个湖泊距银川 9 千米，占地面积 281 公顷，享有“中国生态保护最佳湿地”和“中国最美的六大湿地公园之一”之美誉，也是鸟的天堂。此湖叫鸣翠湖。

鸣翠湖分南北两湖，生态体系完整，湖区及周边河流、湖泊、沼泽、灌渠、水稻田连片，水量充足、土壤肥沃。鸣翠湖的水资源属黄河水系，这里丰富的水资源是生态环境建设综合治理的重要组成部分。湖泊面积占湖区面积的 80%，灌排水系发达，西有汉朝开挖的汉延渠，东有清代开挖的惠农渠，水源稳定性好，水量充沛，基本上不受年降水变化率的影响，湿地生态环境可人工控制，湖底平坦，由于其水系未受工业污染，人为破坏影响因素较少，湖水四季透明，水质良好，基本完整地保持了自然生态环境。

鸣翠湖是明朝时期长湖的中段，过去的长湖从南到永宁县，从北到贺兰县通义乡。由于地震等地质灾害，它淤积成了几段，后人就分别命名。鸣翠湖与周边河流、灌渠、湖泊、沼泽相连，广泛分布着以禾本科和莎草科为主的水生植物、湿地植物和伴生植物，其中以芦苇、浮萍为主。保护区里浮游生物、水栖昆虫、软体动物，各种鱼类、蛙类大繁衍，使得鸟类的食物来源十分丰富，形成了一个适宜水禽栖息、繁衍的场所，并在此“生儿育女”。这里丰富的小鱼小虾成为鸟儿觅食的黄金地带。湖心的岛屿、苇丛和码头是鸟类晚间栖息的好地方，而连片的沼泽是鸟类觅食的好去处，“天时、地利、鸟和”形成了一个自然、适宜、和谐、非常理想的鸟类栖息地和候鸟驿站。

这里湖光戏柳，草树烟绵，百鸟翔集，鱼跃其间，远望水鹭双飞起，近看风荷一向翻。塞上雄浑，江南秀色，豁豁然集于苇浪水波间。湖中有自然植物 109

种，鸟类97种，其中有国家一级保护动物黑鹳、中华秋沙鸭、白尾海雕、大鸨，国家二级保护动物大天鹅、小天鹅、鸳鸯、鸢等，每逢春夏，成千上万只鸟类在这里栖息繁衍，游人至此，芦丛荡舟，曲径通幽，迷宫观鸟，乐而忘返，一望无垠，如诗如画。

鸣翠湖自明朝河道形成后，人们不再称呼它为长湖，而是改叫抿嘴湖。为啥叫这么个名字？传说清朝康熙年间，湖中出现怪物，夜夜哀嚎，惊扰周围居民。居民不知道这是啥东西，又不敢得罪，只好经常捉一些牛羊牲畜祭奠。虽然这个怪物不伤人畜，但总是让人心惊胆战。

有一年，一个道士路过此地，听说这件事后，就想弄个明白。他在一个月明星稀的晚上来到湖边，念动咒语，施功作法。不一会儿，湖水裂开，从湖底跑出一只神犬。道士一看，原来是二郎神的哮天犬。道士问它为什么夜夜悲鸣，惊扰百姓。哮天犬说："我很多年前就来到这里与红狐狸结伴修行，总不得成仙。后来承蒙吕洞宾面授机宜，要接上人气才能成仙。可是红狐狸没能接上人气，多年的道行毁于一旦，它跳湖自尽了，我也随着跳进湖里。虽然上天恩赐，在湖中给我们塑了神像，建了庙宇，也享受人间烟火。可是，好歹我们也曾南征北战，上天入地，现在如此凄凉，心里不服。我要向世间讨回公道。"道士说："命数皆由天定，你不该骚扰凡人。你我有缘，我送你一件礼物。"说着，就把脖子上的一个铜环摘下来，扔给哮天犬。哮天犬张口一咬，谁知铜环套在了它的嘴上，并把嘴给箍住了，任凭它怎么甩怎么抓，都抓不下来。如同孙悟空头上的紧箍一般，被魔法降

鸣翠湖景

住，再也不能乱喊了。道士说：“你啥时修成正果，不再为害人间时，铜环就会去掉。”说完腾云而去。后来，百姓为了纪念这个道士，就在神庙旁边建了一个道观。只可惜后来大地震，此道观毁于一旦，但抿嘴湖却传播开来了。

2000年，为了保护湿地，开发抿嘴湖，根据此湖苇丛摇曳、鸟鸣其间、流光溢翠等特点，取名叫鸣翠湖。如今的鸣翠湖百鸟翔集，鸥鹭争鸣，苇叶飘香，秋风飒爽，真是落霞与孤鹜齐飞，秋水共长天一色。

“世外梨园”南长滩

——寻找西夏党项族后裔侧记

庄电一

陶渊明笔下的桃花源，曾令无数人心驰神往，也有许多人千方百计踏访寻觅，但是谁都没有身临其境，亲眼看到桃花源“男女衣着，悉如外人。黄发垂髫，并怡然自乐”的神秘景观。在宁夏中卫市境内的黄河岸边，有一个群山环抱、远离繁华的地方，与桃花源倒颇有几分相似，也被人称作世外桃源，尤其令人感到神秘的是，村里的居民80%以上的人都姓拓，据说都是西夏党项族的后裔，当年也是为躲避战乱才定居于此的。随着大型纪录片《神秘的西夏》在中央电视台和宁夏电视台热播，关注这个消亡的民族、寻觅其踪迹的人也越来越多。笔者不久前来到这个被称作南长滩的地方，虽然没有看到桃园，却看到了有数百年树龄的梨园。也许，称这里为“世外梨园”更为贴切。

一、纷至沓来的游客，曾被挤爆的南长滩

春天又回到了宁夏大地上。

“人间四月芳菲尽，山寺桃花始盛开。”与南方相比，宁夏的春天来得要晚一些。与繁华都市的向阳花木相比，远在深山里的花草树木，跟随春天的脚步似乎也要慢一些。

南长滩的梨花，又一次绽放了。到南长滩来观赏梨花的游客又一次在这里不期而遇。如此之多的游客远道而来，让这个只有1260人的村庄有点招架不住了。尽管南长滩的许多人家都办起了农家乐，开起了家庭旅馆，但还是难以接纳这么多游客。有时，一些游客不得不自带干粮、野外露营。即使是这样，游客还是比肩接踵、兴致勃勃。

南长滩何以会有这么大的吸引力？上百棵几百岁的老梨树仍然繁花似锦，堪称奇观，值得人远道而来，而更令人好奇的还是这个村庄本身：因为人们普遍认为：这个村庄堪称世外桃源，而在村庄里生活的，多是在历史上消亡的民族的后裔！

二、一个消亡的民族，一群没有消亡的后裔

党项族还有后裔？党项族不是早已成为历史名词了吗？这个在中国历史上活跃过数百年，并且建立了西夏王朝的民族，不是早就被蒙古铁蹄征服了吗？在中国现存的56个民族中，早已没有党项族的一席之地了。

横扫欧亚的蒙古铁骑，是在大获全胜之后才“收拾”近在咫尺的西夏的，因为西夏是个难啃的骨头，此前双方曾发生过五六次战争，但西夏并没有被征服。成吉思汗早就要扫清身边这个障碍，一直未能如愿。围攻西夏，让不可一世的蒙古铁骑吃了不少苦头。1227年，成吉思汗在攻打西夏时负了伤，最终死在了宁夏南部的六盘山中。所以，蒙古将士对西夏充满着仇恨。据《蒙古秘史》记载：成吉思汗在伤病期间每次都要对手下的人说：“殄灭无遗，以死之、以死之！”所以，西夏末帝献城投降后，蒙古铁骑进行了疯狂的报复，大肆地屠杀，已经举起了降旗并献出都城兴庆府（即今天的银川市）的西夏末帝都未能幸免，就连西夏王朝祖坟——西夏陵里的墓碑，都被砸成指甲盖大小的碎片，他们这样做的目的，就是要“毁尸灭迹”，彻底抹掉西夏的印记。对此，多种史书都有明确的记载。据此，许多人认为：党项人是被斩尽杀绝了。

当然，也有一些学者认为，尽管蒙古铁骑对党项人进行了毫不留情的虐杀，但不可能完全将党项人斩草除根，总会有“漏网之鱼”。近年来，在四川、陕西、青海、甘肃、安徽、河南、河北、内蒙古等地均发现了与历史上的党项族有关的遗迹和人群，虽然许多人隐姓埋名，已经融入其他民族，但他们以及他们的后代仍然保留一些本民族的习俗和许多鲜明的特征，有的还有较为完整的族谱和西夏文碑刻。

在距银川约300千米的南长滩，就生活着这样一群人，其中80%的人姓拓，其余那20%的人分作12个姓，但无一例外都与拓家有亲缘关系。他们都认为祖上是为躲避战乱才逃到这里的，原来应是西夏皇族，本姓“拓跋”，后来才简化为

“拓”,其中有人自称党项族,有人则认为自己应该是鲜卑族。

三、像桃花源,又不是桃花源

南长滩与陶渊明笔下的桃花源,有几分相似:桃花源与南长滩都是与外界相对隔绝之地;桃花源人与南长滩人都是为了躲避战乱而进入外界不易查找之地,但南长滩与桃花源又有根本的区别:桃花源是虚无缥缈的,南长滩是实实在在的;桃花源人从没有离开过桃花源,南长滩人却没有完全与世隔绝,南长滩人的祖先也曾借黄河漂流到下游,贩卖其特产。

躲避战乱的西夏人,为何会在南长滩落脚,又怎么能逃过劫难、世代延续?因为南长滩有独特而优越的自然条件。

南长滩位于黄河黑山峡谷的群山环抱之中,四面山峰陡峭,难以逾越。黄河在这里转了一个大弯并冲刷出一片狭长的河滩地,这里便成为黄河流经宁夏的第一个村庄。进出村庄,别无他路,必须渡过黄河,因为交通极为不便,曾经长期与外界隔绝。

南长滩交通不便,古来如此,至今也没有太大的改变。

笔者探访南长滩时,从中卫市市区出发,先是在一段柏油路上行驶了几十千米,然后又在凹凸不平的土路上颠簸了几十分钟,这才进入南长滩的地界,但这里仍与南长滩隔河相望。如果这段黄河没有渡口的话,是很难越过那狭窄、湍急的河流的。让笔者感到惊奇的是,那里的渡船很巧妙,既不用燃料,也不用外力,一高一低两根钢丝固定了渡船两端,通过船上钢丝的一松一紧,就可以借助水流的冲力轻轻松松地把车辆和人员送到对岸。

四、别致的农庄,特殊的族群

南长滩是名副其实的“山”村:房屋是用石头砌成的,道路也是用石头铺成的,石头是他们就地取材最方便、最廉价的材料。最让笔者感兴趣的是,南长滩不仅有环村路,而且还有路灯,走在石头铺就的村路上,可以看到“×家巷”之类的路标,可以让人不太费力就能找到要找的地方。

笔者踏访南长滩,当晚就住在专门为接待游人而兴建的、具有浓郁民族风格的拓跋寨里。为了充分利用这宝贵的机会,笔者乘着夜色采访了几户人家。采访到深夜，四周漆黑一片，竟不知怎么找到回路了，最后还是按照村里人的提示，借助环村路和路灯找回住处的。

南长滩的民居多依山而建，因而显得高低错落，多为四梁八柱，四合院式，据说有不少还是清代同治以后建造的，具有清代的建筑风格。1920 年，距此不远的海原县发生了 8.5 级的“环球大震”，南长滩也深受其害，许多房屋的墙倒了，但房架子却没有倒。

55 岁的村主任拓守虎应邀与我们共进晚餐，边吃饭边接受笔者的采访。

据中卫市沙坡头旅游集团拓跋寨主管何宇峰和南长滩村主任拓守虎介绍，现在，全国姓拓的有 12 万人，在西部 10 多个省份都有分布，其中在中卫市境内的拓姓人就有 1020 多人，是党项后裔中最大的一支。

拓守虎告诉记者，他们的祖先是一名武将，武将的家人为了逃避蒙古铁骑的追杀先后逃到今宁夏与甘肃交界地带的凤台山、拓家岘、拓家湾等地。其中有弟兄三人，老大到了宁夏中卫，老二到了甘肃靖远，老三则来到中卫的南长滩。但不管走到哪里，他们都共用一个长达 60 字的家谱，始终不会乱了辈分。因为南长滩的人辈分大，便被其他地方的拓家人称为“小房头的人”。

南长滩的外姓人很少，初来者多为木匠、瓦匠、毡匠等手艺人，还有一些是招女婿来的，逃荒来的。南长滩人不排外、不欺生，也能与其他民族和谐共处。

拓跋寨主管何宇峰的祖先是康熙年间从山西过来的，最终在距南长滩 30 多千米的何家堡子站住脚，而他们祖先的第二代就娶了拓家的女儿，因而也与南长滩有了关系。

拓守虎对笔者说，拓家人有家谱，南长滩保存的虽然是分支家谱，但也有 300 多年了。直到今天，他们还是按家谱给孩子起名，很少有擅自起名的，只有女孩可以例外。不仅如此，他们一直坚持同姓不通婚。笔者请他背一背家谱，他坦言背不出来，只记得前后几辈的。

这些党项人的后裔，体貌上也有自己的特征。“身材高大、鹰钩鼻子、黄眼珠子”，是人们概括的几大特征。

2013 年“五一”结婚后从中卫市市区来到南长滩生活的马姣告诉笔者，南长滩人的长相有特点，多数脸比较长，男人身材也比较高大。这在她丈夫身上就有充分体现。

南长滩人的语言虽然接近普通话，但也有自己的特点，嫁到南长滩已经一年多的马姣坦然：听是能听懂，但还是不会说。笔者在采访中也因为未听懂他们的语言而不得不多问一遍。

据拓守虎介绍，南长滩人很重视教育，没有文盲，最差也读过小学，他本人是高中毕业。近年来，考上大学、中专的已有十几个了。

马姣告诉笔者，南长滩一般人家都是一日两餐，而这一习惯不知保持多久了。

拓守虎对记者说，外面来人多认为他们的长相有特点，而他本人则认为与汉族差别不大。现在，多数人都认为他们是党项人，而南长滩人则有不少人说自己是鲜卑人。笔者在村中碰到一位年约八旬的老人。老人明白无误地告诉笔者：他应该是鲜卑人。

现在，我国的56个民族中已经没有党项族或鲜卑族了，他们只能被当作汉族。笔者在采访中，有人向笔者表示：希望恢复为鲜卑人。

党项人？鲜卑人？党项人与鲜卑人有何渊源？这些问题，可能有多种解读，也有待于进一步研究、论证。

五、悠久的历史，珍贵的遗迹

其实，党项人并不是南长滩的最早居民。早在2000年前，甚至更早的时间，南长滩一带就有人类活动了，大量的历史遗迹为此提供了充足的佐证。

近些年，专业人员陆续在南长滩及其附近发现了史前岩画、秦代长城和元、明、清的历史遗存。在南长滩东北侧的一处断崖上，中卫市文物管理所的专业人员就发现过秦汉时期人类居住的遗址，其裸露的文化层长达10多米，厚达15厘米，不仅有人工铺垫的红色石片基座，而且有陶器残片和建筑构件。这些以罐、盆为主的陶器均为泥质灰陶，不仅器壁较厚，而且形体较大。此外，还在其附近发现了元、明时期的文化层和较丰富的粗瓷片。

据介绍，南长滩原来曾建有佛教寺庙和家庙，也建有白马将军殿，现在都已荡然无存了。前些年曾经挖出一口道光年间的铁钟，虽然早已锈迹斑斑，但那上面铸就的“江山永固风调雨顺”8个大字和十几位拓姓祖先的名字仍然依稀可辨。

南长滩虽然偏僻闭塞、远离人烟,也曾经是不毛之地,但南长滩并没有完全与世隔绝,仍然是文明之光较早照射到的地方。

六、长寿的梨树,罕见的梨园

到南长滩,不能不看梨园;写南长滩,不能不写梨园。梨园,是南长滩独有的一景,无论是在宁夏,还是在全国,都难得一见。

那天,笔者是凌晨走进南长滩的梨园的。远远看去,梨园郁郁葱葱,仅百年以上的老树就有上百棵。走到跟前,发现这些梨树的树冠都比以往见到的要大得多,有的占地大半亩,底部要三四个人才能合抱。有些梨树旁还立着用于采摘果实还没有撤走的木梯。

南长滩人告诉记者:这些梨树是他们的祖先逃难到此后陆续栽下的,他们的祖先也是靠这些梨树度过灾荒的。这些老树都“年事已高”了,多在数百岁之间,有人甚至说“年龄”最大的应有七八百岁,虽然都已进入“高龄”,但依然花枝繁茂、硕果累累。至今每株还能结出两三千斤梨,产量最高的甚至达到四五千斤。别看这些梨个头不大,五六个才能称够一斤,但它们香甜可口,清热解毒,吃多少都不会闹肚子,更令人称奇的是,它们易于存放,到第二年春天都不烂。据说,这种梨树只有黄河上游才有,其他地方难得一见。种种“奇异”,让南长滩人将这些梨树称作“神树”,爱如珍宝。每年成熟季节,都有外地商贩前来坐地收购。其中,许多是通过黄河运到下游贩卖的。当地一位党项族后裔以此为原料加工成易拉罐饮料,取名就叫“拓老七”。

现在,这些老梨树都已分到各家各户了,平均每户还轮不到一棵。虽然有的梨树分属两家,但并没有因此有过什么纠纷。

除了梨园,南长滩还有枣园。现在,枣园已经达到800亩,多数枣树树龄也都超过了百年。这里的红枣,又大又圆又甜,含糖量很高,就是在原地每市斤也能卖到10元。

七、外面的世界令人向往,这里的环境令人留恋

南长滩始终保持着淳朴的民风。夜不闭户、路不拾遗的历史,延续了数百年,至今还有人出门都不锁门。赌博、偷盗、打架、斗殴的事在那里也很少发生。

当然，由于交通不便、远离人烟，这里社会发展的步伐也曾慢半拍。1958 年，距此不远的包兰线通车，许多南长滩人是坐着羊皮筏子，在黄河上漂流两三个小时，然后在甘塘火车站上车，才走向外面世界的。拓守虎对笔者坦言：在上一辈人中，多数人都没有出过村。现在，村里最年长的拓兆财已经 94 岁了，他到过的最远的地方，就是 100 千米外的中卫市市区。

过去，村里浇灌农田一直用水车，直到 1958 年因黄河水位下降等原因，他们才改用柴油机。这里通电的历史也比较短，由于距离太远、连接不便，直到 2000 年才通电。

党和政府没有忘记南长滩，也对这里给予了许多关怀和帮助。近两年，当地对南长滩的旅游事业又给予了大力扶持。

南长滩村现有 195.4 平方千米，其中有水浇地 1000 亩、旱地 5000 亩，养殖存栏 1.6 万只，此外还有梨园、枣园和下河捕捞的收入，这些资源足以养活村里的 1260 人。现在，一个中等收入的家庭，每年都有几万元进账。南长滩人过着自给自足、无忧无虑，也令许多人羡慕的田园生活。

村主任拓守虎毫不避讳地对笔者说，老一辈南长滩人比较保守，总认为哪里都不如自己的家园好。在他们看来，在南长滩，农林牧渔都有很好的发展前景，发展哪个产业都可以维持不错的生活。春季种田，夏季打猎，冬季捕鱼，都曾经，也可以给他们带来可观的收入。

当然，许多年轻人就不这么看了。他们认为南长滩太闭塞，文化生活太单调，没地方挣钱，也没地方花钱。

南长滩人也有一些"无奈"。年轻人渴望的文化、教育、生活环境，南长滩一时都难以满足。村里虽然很早就建立了小学，在校生一度也达到过 180 人，20 世纪 70 年代还开办过初中，但初中只存在了两年就撤掉了。近年来，学校更是迅速衰落，因为村里人纷纷把孩子送到城里读书，现在学校只剩下一个老师、两三个学生，眼看就办不下去了。而这段黄河里独有的特产"鸽子鱼"，原来轻易就可以捕到，因为水质和环境的变化，现在已经绝迹，再也吃不到了。就连原来的家常菜"栓钉子鱼"，现在也不常见了。

拓守虎有一儿两女，儿子大专毕业，在位于银川附近的宁东能源化工基地工作。两个女儿，一个在中卫市国土资源局工作，一个在中卫市市区的公司工作，全部离开了南长滩。现在,家里只剩下老两口留守了。2013 年,为了适应旅游的需要,拓守虎在村里办起了农家乐和小卖部,一年可以有几万元的纯收入。虽然儿女都在外地,但他还是想继续留下来。他说,他不喜欢进城的原因,固然有故土难离的因素,更主要的还是因为城里噪声大、空气差、交通拥挤,所以待不了两天就要回来,而这些问题在南长滩都不存在。

有走出去的,也有返回来的。有人是在走了很多地方、做了充分比较之后才决定返回南长滩的。

笔者在南长滩的一个小卖部里采访了 31 岁的陈生明和 28 岁的周振国。陈生明的母亲姓拓,而周振国的奶奶姓拓,都是拓家的亲戚。他们都是在外面闯荡了几年之后回来的。现在,他们两个分别养着 300 多只羊和 100 多只羊,靠卖羊绒就可以维持不错的生活了。陈生明去过银川、兰州,周振国则到过上海、浙江,最终,他们不约而同地选择回乡创业。除了养羊,陈生明还栽植了不少苹果、核桃、枣树、梨树,他是第一个让苹果在南长滩"落户"的人。他自豪地对笔者说:"我在南长滩,可以做到一年四季都有水果吃。"

笔者采访过的马姣毕业于宁夏的重点中学中卫一中,娘家也在外地,此前她本人也在外地工作过两年,但她心甘情愿地随丈夫来到南长滩落户,在拓跋寨当起了服务员。当然,她最终的目标还是要回到中卫市区。

有人对笔者说,在南长滩生活,非常舒服,压力也不大。

外面的世界太精彩,南长滩人不是不知道,但南长滩人更热爱自己的家乡,而这种热爱足以抵挡外面的各种诱惑。

南长滩有独特的魅力。这种魅力,不仅让南长滩人骄傲,也让外地人羡慕。南长滩养育了一代代人,留住了一代代人,也孕育了南长滩鲜明的地域文化。

难怪,南长滩会成为宁夏首个"全国历史文化名村";难怪,游客会不辞辛苦前来踏访。

青云湾

林生库 摄

青云湾位于彭阳县白阳镇周沟村与新集乡白草洼村交界处，因生态环境良好，每天早晨日出前后，山间云雾缭绕，雨过天晴更佳，现为彭阳田园观光旅游点之一。

西吉火石寨

马治宝 摄

火石寨位于西吉县城北 15 千米的火石寨乡境内，是宁夏唯一同时拥有国家地质公园、国家森林公园、国家 4A 级旅游景区、国家级自然保护区的旅游胜地。由于山体岩石呈现暗红色，尤其在绿树的掩映下，如同一团团燃烧的火焰，故而被人称为火石寨。每当春夏，满山遍野花草丛生，色彩斑斓，蜂飞蝶舞，生机盎然；秋季，山体颜色会变得暗淡，山间云雾缭绕。冬季银装素裹，仿佛置身仙境一般。走进火石寨，一座座丹峰赤壁迎面而来，造型独特，美轮美奂。景区面积 100 平方千米，具有典型的“丹霞地貌”特征。奇山、异石、茂树、岩洞、石窟堪称景区五绝。登临火石寨，脚下丹山白云；远眺黄土碧波，心中忆古追昔。朝霞携红日同升，暮霭引新月西来，此景只应天上有，人间几处火石寨！

拜寺口双塔

郑文著 摄

银川市西北约50千米处的贺兰山东麓的拜寺口，坐落着一对古塔，形如兄弟，守卫着贺兰山，它们就是拜寺口双塔。

拜寺口双塔属全国重点文物保护单位，是迄今为止保存最为完整的西夏佛塔，距今近1000年的历史。该塔是一对砖砌佛塔，山口东侧的塔称为东塔，是一座正八角形建筑，高13层，每层塔檐下，各面都有各种兽头的浮雕；山口西侧的塔称为西塔，也是13层高，外形呈抛物线状，在这里曾发现梵文、西夏文题记和元代银币等。

双塔以西的方塔遗迹出土的《吉祥遍至口和本续》为世界最早的木活字印刷印本，为中国印刷术发明时间的断代发挥重要作用。

燕鸽湖

乔桂萍 摄

燕鸽湖坐落在银川市东郊石油城小区的正中央，景色迷人，风景独特，是人们休闲娱乐赏景的好去处，已成为银川又一道亮丽风景。春夏时光，湖光倒影、曲径拱桥，如水墨丹青，如诗如画。近几年，一群又一群美丽的红嘴鸥在飞往目的地的路途中会在燕鸽湖歇息一段时间，这便形成了燕鸽湖一道迷人的风景，使许许多多的游客慕名而来，欣赏这难得的美景。

北长滩村古村落

陈学仁 摄

北长滩古村落位于中卫市沙坡头区迎水桥镇西南32千米处的黄河北岸，由相邻的四个自然村组成，当地俗称“北长滩”。北长滩古村落集中坐落在北山，依山而建，因势不同，房屋高低错落，富有立体感。每户院落布局和房屋结构，仍保留了明清时代当地传统的建筑风格——“四梁八柱式”土木结构建筑，而院墙则是用石块堆砌而成。这里的传统民居建筑群，是目前宁夏境内具有地方特色、保存最为完整、最为集中的房屋。2010年4月，自治区党委、人民政府将中卫北长滩评定为首批宁夏历史文化名村，这是对这个村子守候历史的赞誉。

南长滩村

南长滩村，位于中卫市沙坡头区香山乡，地处宁夏、甘肃两省（区）交界处，因黄河黑山峡冲刷淤积形成狭长河滩地而得名。这个神秘的村落，村子虽小却拥有“三个宁夏第一”：宁夏黄河第一村、宁夏黄河第一渡、宁夏黄河第一漂。群山环绕使得南长滩村几乎与世隔绝，村里人姓拓，自称是西夏党项族后裔，并保存有完整的族谱。2008年12月，被国家有关部门确定为宁夏首个“全国历史文化名村”。

北武当庙寿佛寺

刘宵华 摄

北武当庙寿佛寺北依贺兰山而建，为四进院落，布局自然和谐、严整紧凑，殿塔亭阁集于一体，蔚为壮观。从最南端的前山门楼向北，依中轴线建有灵官殿、观音楼、无量殿、多宝塔和大佛殿等。中轴线两旁有钟鼓楼、厢房、配殿。北武当庙寿佛寺坐落于巍巍贺兰东麓武当山，距石嘴山市政府所在地大武口区市中心5千米森林公园内，占地1.2万平方米，是一座佛道合一的古寺院。寿佛寺最突出的特色是，在同一幢寺中，既供奉诸菩萨，又供奉玄武大帝。道教将此与湖北武当山共名“武当山”。建寺时，蒙古族信众亦出资出力，建成梵殿，供奉密宗中的五方佛。

故除汉僧外，蒙古族、藏族喇嘛亦驻锡修行，遂使此寺在清代已形成汉族、蒙古族、藏族信众共朝，儒释道皆尊，禅道密并重的道场。民国年间，常有从青藏、内蒙古来朝拜的藏族、蒙古族喇嘛和信众，或有朝五台山者挂单歇息。

朱峰沟石刻坐佛及古塔

杨朋卫 摄

朱峰沟，古名“诸佛口”，位于贺兰山东麓马莲口内。1993 年 4 月 24 日被银川市人民政府确定为第二批文物保护单位。

2017 年 6 月至 12 月，摄影者先后三次出行才找到了石刻坐佛及古塔。石刻坐佛周边山体由于大规模违规开采满目疮痍，残留的大量残碎石渣到处都是。

长方形佛龛内为释迦牟尼浮雕造像，高有两米，宽一米多。佛像圆面大耳，袒胸披肩，呈全趺坐于莲花纹石台上。左有老子线型刻像，高两米多，宽一米多，头有道冠，长髯，扶膝坐；右有孔子线型刻像，高两米五，宽一米多，束发装，右扶膝，盘腿坐。

沿沟爬行约两千米，可看到三座古塔，其中一座两米高六边形古塔已毁，徒有底座残砖堆砌于杂草从中。现存的西面半山腰古塔高八米多，有藏传佛教意味，无确凿文史资料记载。东半山腰古塔高七米，为实心砖砌塔，塔身石刻有“康熙三十八年”等文字。

沙坡头旅游景区

李永福 摄

沙坡头旅游景区位于宁夏回族自治区中卫市以西20千米、腾格里沙漠东南边缘处。这里集大漠、黄河、高山、绿洲为一处，既具西北风光之雄浑，又兼江南景色之秀美，自然景观独特，人文景观丰厚，被旅游界专家誉为世界垄断性旅游资源。

爱民如天：洪家几代坚持不渝的传承

庄电一

一走进洪梅香的工作室，记者就被她亲手书写的一副对联吸引住了："善身善事善千秋，明理明德明万代"，14个字中竟有3个"善"字！

洪梅香告诉记者："这两句话来源于祖父洪寿林，最早是刻在老家'月照青松'的照壁上，后来又被刻在祖父的碑亭上。我手书下来并挂在办公桌旁，是为了每天都能看到它、实践它，因为它不仅是我们的家训，而且是我们全家一直弘扬的传统！"

一、爱民如天的洪寿林

在中国革命博物馆里，陈列着一面已经相当陈旧的锦幛，但那上面"爱民如天"四个大字却依然醒目。那是20世纪30年代红军将领程子华、唐天际赠送给宁夏回族大教主洪寿林的。

红军高级将领怎么会与伊斯兰教的上层人士有过如此密切的交往并给予"爱民如天"的评价呢？

洪寿林出身贫寒，3岁丧母，6岁丧父，逃过荒、挨过饿，在清真寺里当过杂役，但他聪明好学，最终成为一位颇有影响、颇有威望的宗教人士。成名后，洪寿林仍然过着简朴的生活，但他却始终乐善好施，热心助人，周济穷人，多次以家产赈济饥民。1929年，西北地区遭遇大旱，他竟将家中存粮全部分给受灾民众。特别令人感佩的是，他眼中没有回、汉之分，只有需不需要之分，所以受他救助的汉族民众也不在少数，在他家中，常年寄养着孤儿寡母七八人，所以当地汉族群众都称他"洪大善人"。

洪寿林是一位有眼光的人，一直在思考国家的命运、民族的命运。当他与长征的红军有了接触之后，立即产生共鸣，断定“这是一支老百姓的军队，将来是能坐江山的”，所以他不仅给处于困境中的红军很多无私的帮助，而且通过各种关系给当地军队做工作，让他们朝天放枪、不打红军。他还用阿文手书“仁义之师，阳光普照”的条幅送给红军。

特别令人感念的是，当两位红军重要人物遭到反动军队围捕时，洪寿林毅然打破各种禁忌，将他们藏进外人不得进入、敌军也不能搜捕的静房里。七天七夜，吃喝要人送进去，屎尿要人端出来，而这些都是由洪老夫人亲力亲为。最后，两位红军代表由洪寿林的女婿周生斋巧妙护送，安全归队。

正因为感念洪寿林的一系列善举，红军才送了这面“爱民如天”的锦幛。这面锦幛被藏在炕洞里，躲过了许多劫难，直到很多年后才被取出，成为革命博物馆的珍贵文物。

二、热心助学的洪维宗

“爱民如天”，是洪家一直秉承的理念，洪家也一直与共产党精诚合作。洪寿林的儿子洪清国，自 1958 年自治区成立起就担任自治区政协副主席，而且连任六届直到去世。土改时，他带头捐出自己的土地、骆驼、羊群。抗美援朝，他捐出大量银圆。同他父亲一样，他也经常请一些回汉孤寡在家中吃住。

洪寿林之孙、洪清国之子洪维宗，不仅像祖父、父亲一样有仁爱之心，而且将这种爱心进一步发扬光大。

这位充满爱心的宗教人士，曾担任过自治区政协副主席、自治区人大常委会副主任等重要职务。虽然他因病去世已超过 10 年了，但笔者仍然常常想起他。他给笔者留下最深刻的印象，就是热心助学，而且持之以恒。看到许多回族儿童，特别是回族女童由于贫困等原因无法接受正常教育，他忧心如焚，总是尽心竭力。早在 20 世纪 80 年代，他就在自己的家乡同心县创办了民族教育促进会并亲自担任会长(《光明日报》曾在二版头条位置报道过)。“文化大革命”结束后，有关部门为他家遭受的损失给予几万元的补偿。他不仅将这笔补偿款全部捐献出来，而且贴上自家旧房的木料，创办了以他的祖父名字命名的学校——同心海如女子中学(洪寿林字海如)。这也是宁夏第一所回族女子中学，他出任名誉校长。尤其难能可贵的是,他还要求这所学校按比例招收汉族女生。此后,他在素以贫困闻名全国的固原地区设立“贫困女童辍学救助基金”。为了鼓励各个少数民族学生努力学习,他在北方民族大学设立了奖学金。

洪维宗去世后,他的儿子洪洋继承父亲遗愿,在海原县、同心县兴建了两所“维宗小学”,为父亲设立的基金又注入了新的资金。洪洋现在不但接替父亲管理宗教事务,而且担任吴忠市政协副主席、自治区人大常委会委员,此外还担任宁夏伊斯兰教协会副会长、全国青联常委等社会兼职。他曾告诉记者,他还有进一步捐资助学的计划,将分步实施。

三、助残救孤的洪梅香

洪维宗的妹妹洪梅香,更是传承了祖、父、兄的善良,弘扬了前辈的爱心。

这位杰出的回族女性,有许多传奇的经历:她不仅当过商店的营业员,而且当过银川绿洲饭店副总经理、银川市商务局局长、银川市副市长;不仅当过银川市劳模、自治区劳模、全国商业系统劳模,而且当过第六届全国人大代表、第十一届全国政协委员、党的十五大代表和十七大代表!

她颇为自豪地对记者说,我当过 14 年商店的营业员,曾苦学过张秉贵,也能做到“一秤准、一口清、一把抓”。

对孤儿、残疾人和其他需要救助的人群,她始终保持一颗永恒不变的爱心,总是尽力给他们以应有的帮助,她也因此获得全国扶残助残先进个人等称号。

她不仅自己经常为孤残慷慨解囊,而且热心为国内外的慈善家牵线搭桥,她使无数需要救助的人得到救助,仅资助的贫困大学生就有 147 人。

“让每一个孤儿都得到母爱!”这是她一直坚持的信念。她救助的孤儿,有的已经大学毕业、结婚生子了,有的还在牙牙学语。因此,有叫她“洪妈妈”的,也有喊她“洪奶奶”的。

位于银川市西夏区的“宁夏穆斯林孤儿院”,是洪梅香去得最多,也是她最牵肠挂肚的地方。她常常把亲自设计、亲自缝制的漂亮新衣送给那些孤儿穿,洪梅香每年的生日都是与那些孤儿一起过的。每年的六一儿童节,她都要带着那些孤儿一起“吃大餐”“逛美景”。每隔几天,孤儿院的孩子们都要问:洪奶奶什么时候来?听说她要来,很多孤儿早早就到大门口去等。她每次去,孩子们都要把她团团围住，一个孩子拉住她一根手指，拉不到的还要闹情绪。有个孤儿，在自己卧室的墙上只贴了两个人的像，一张是周杰伦的，另一张就是洪梅香的。

洪梅香刚刚从银川市政协主席岗位上退下来，但她很快又当选为自治区政协常委。她笑着告诉记者，我现在比以前更忙了，每天都排得满满的。她说，如果没有别的活动，我每天都要到自己的工作室来，每天都要设计服装，每天都要练习书法，我所做的这一切，都是为了资助更多的人。

笔者看到，她的书法已经达到一定水平，而她设计的穆斯林服装，已经有几十个品种了，衣、裙、头饰，应有尽有，全部以“麦丽燕牌”命名。

她向笔者透露了她的远大计划：为了助残救孤，她成立了麦丽燕基金会。设计、推广这些穆斯林服装的所得，自己分文不取，将全部转入基金会。而练习书法的目的，是为了在达到有收藏价值时回赠给那些慈善家作为纪念的。

四、洪家的共产党人

洪梅香笑着对笔者说，几十年来，我们一家不仅一直与共产党保持亲密的关系，而且有多人成为共产党员。也许是某种巧合吧，自“爱民如天”的锦幛藏进炕洞之后，有两个孩子在那个炕上降生：一个是我的二哥洪维祖，另一个就是我，结果我们两个都成为共产党员，二哥还成为自治区总工会的副厅级干部。

据笔者了解，洪家的后代中，有很多共产党员，其中多人有不俗的表现。洪宇宙演过电视连续剧《三国演义》里的周瑜，是个有一定知名度的演员，洪波在银川经济技术开发区担任主任助理，洪涛刚刚由石嘴山市大武口区区长改任区委书记，女婿杨有贤还当上了石嘴山市副市长。洪梅香的 3 个儿女都是共产党员，女婿马清林还担任了吴忠市委副秘书长，他们都在各自岗位上为党努力工作。

洪梅香说，没有共产党，就没有我们这一家；我们这一家，都是在党的关怀下成长进步的！

标准地名图集编绘规范

DB 64/ T 1673—2019

（宁夏回族自治区市场监督管理厅2019－12－05发布，2020－02－05实施）

前 言

本标准按照GB/T 1.1—2009给出的规则起草。

本标准由宁夏回族自治区民政厅提出并归口。

本标准由宁夏回族自治区民政厅组织实施。

本标准主要起草单位：宁夏地名学会、中国地名研究所、南京大峡谷信息科技有限公司。

本标准主要起草人：王胜三、刘连安、张清华、张雪英、马旭、宋永飞、刘万银、张春玲。

标准地名图集编绘规范

1 范围

本标准规定了编绘的总则、方法步骤、图集总体设计、图集和表示方法、编制要求与符号设计等。

本标准适用于宁夏回族自治区自治区级标准地名图集的组织、编绘、出版工作。

2 规范性引用文件

下列文件对于本文件的应用是必不可少的。凡是注日期的引用文件，仅注日期的版本适用于本文件。凡是不注日期的引用文件，其最新版本（包括所有的修改单）适用于本文件。

GB/T 15968—2008 遥感影像平面图制作规范

CH1002—1995 测绘产品检查验收规定

CH1003—1995 测绘产品质量评定标准

3 总则

3.1 依据

依据《地名管理条例》《地名管理条例实施细则》《宁夏回族自治区地名条例》等规定，开展一定行政区域内的标准地名图集编绘及续修工作。

3.2 要求

政治性和政策性相结合，科学性和资料性相统一。内容要符合党和国家的方针政策，真实记录当地的自然地理实体和人文地理实体的标准名称。

3.3 资料来源

以宁夏回族自治区各类标准地名图和第一、二次全国地名普查成果为基础，参考地方志、年鉴和历史地理著作及各种地方文献。交通、文化、水利等专业性强的专业志，或请相关部门提供。历史地名主要参考《宁夏历史地名考》和旧志。

3.4 上下限

上限至地名出现，下限止于启动图集编绘的上一年年底，做到全书基本一致。各章节中个别与地名变更、地名工作有关的重要内容及重大工程建设项目，可酌情延至图集开始编绘年度。

3.5 目的

公开出版发行，向社会提供服务。

4 方法步骤

4.1 成立编绘委员会

民政部门牵头成立标准地名录编纂委员会，负责整个编纂工作。编委会内容包含主任、副主任、主编、副主编、编纂委员等信息，编委排列以姓氏笔画为序。主要成员：主任 1 人，由同级分管地名工作的领导担任；副主任 2 至 3 人，由同级民政部门负责人担任。下设编纂部,设主任、主编、副主编各1人,编纂人员3至5人。

4.2 编绘初稿

遵循标准地名图集总体设计、图集结构和表示方法、编制要求、符号设计要求,形成编绘初稿。

4.3 审核定稿

由主编进行修订统稿,形成送审稿,召开专家评审会。根据评审意见作进一步修改,形成终审稿。编绘人员不得兼任评审专家。

5 图集总体设计

5.1 地图集开本设计

开本为787mm×1092mm 1/8,竖版。

5.2 坐标系

2000大地坐标系。

5.3 比例尺

根据开本幅面设计,但要适当凑整。

5.4 表示内容

图集依托历年地名工作中形成的各类地名图和本区域内第一、二次地名普查成果图数据,对制图区地名文化及其他特色进行展示,主要分为序图组、地名专题图组、市县图组和特色图组四部分。其中,前三部分为线画地图,特色图组为影像图。

5.5 类型

图集主要包括线画地图和影像地图两大种类,分别以各自特点展示了制图区的基础地理信息和地名专题信息。

5.6 数据使用

5.6.1 基础地理信息数据

宁夏回族自治区、所属地市和本行政区域基础1:50000 DLG数据。

5.6.2 影像数据

宁夏回族自治区全区1:10000影像数据。

5.6.3 专题数据

宁夏回族自治区地名工作和第一、二次全国地名普查成果数据。

5.6.4　行政区划资料

宁夏回族自治区内市、县(区)、乡镇的行政区划资料。

5.7　地图集图面配置

5.7.1　图集采用正度 787mm × 1092mm，1/8 开本，竖版。成品尺寸为：260mm × 370mm。地图满版尺寸为：外图廓 330mm × 490mm，内图廓 324mm × 484mm。如图 1 所示。

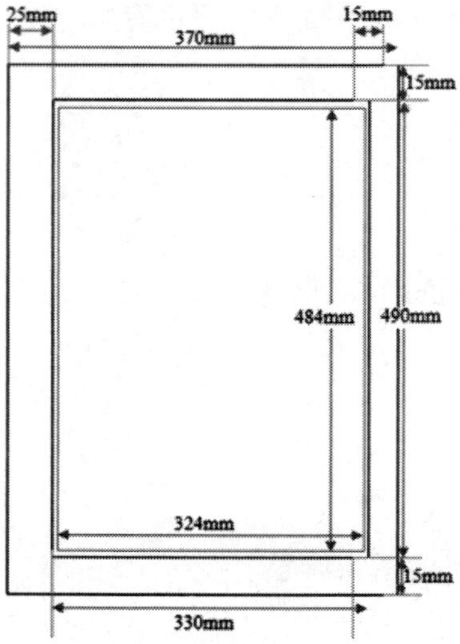

图 1　标准地名地图集成品满版尺寸样式

5.7.2　特色图图组尺寸：外图廓 330mm × 460mm，内图廓 324mm × 424mm。影像图右侧配照片(1 ~ 2 张)及文字(字数 600 ~ 800 个)。如图 2 所示。

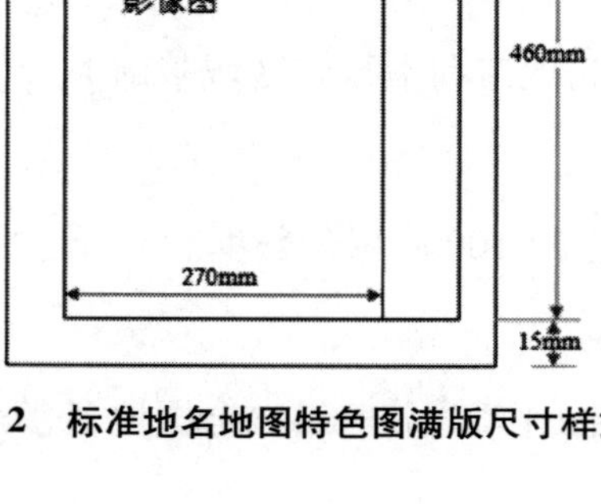

图 2　标准地名地图特色图满版尺寸样式

5.8 符号设计

符号具体设计，以附录 B 规定为准。

5.9 图集整饰设计

设计内容如下：

a）各要素的上下关系，合理利用图层表示。

b）处理好各要素的相交、相切和相离关系，相交时注意要素上下关系正确性。相离关系间距最小为 0.2mm。

c）注记与其他要素不能同色或同灰度叠加，如果无法移动注记，则应断开其他要素。

d）图上各要素表示发生争位矛盾时，为了保证各要素相互关系的正确，应对相关要素进行移位（或避让）处理。

6 图集结构和表示方法

图集划分为序图组、地名专题图组、市县图组、特色图组四大图组，后可根据图集自身情况对每个图组添加必要的文字叙述。

6.1 编排顺序

编排顺序如下：

a）扉页。

b）版权页。

c）序。

d）编辑说明。

e）编纂委员会、编辑部。

f）概况。

g）目录。

h）图例。

i）序图由图片、文字叙述组成，具体包括以下：

1）走进 × × ×（行政区名称）：包括图片、文字叙述。

2）行政区划图：由线画图、文字叙述组成，包括中国、宁夏、地市、县区、乡镇（街道）行政区划图。其中，乡镇（街道）行政区划图仅用于地市、县级标准地名图集的编绘。

3）政区影像图：由影像图、线画图构成。

4）政区城区图：由线画图、文字叙述构成。

5）设施分布图：由线画图、文字叙述组成，主要包括民政设施、旅游资源、教育文化、医疗卫生、交通设施等分布图。

j）地名图由图片、文字叙述组成，具体包括以下：

1）工作简介：由图片、文字叙述组成；

2）工作成果：由图片、文字叙述组成；

3）专题图：为线画图，主要包括交通运输设施、居民点、群众自治组织、水利水电、非行政区域、纪念地、沟渠分布、地名标志分布等专题图。

k）市、县、乡图由图片、文字叙述组成。标准地名图为线画图，包括地市、县区、乡镇（街道）标准地名图。其中乡镇（街道）标准地名图仅用于地市、县级标准地名图集。

l）特色图由影像、文字叙述、图片等组成，可结合本行政区域内实际情况和特色，自行确定特色图的幅数和内容。

m）后记主要为文字叙述。

6.2　地图表示内容

6.2.1　序图组

本图组主要展示一定行政区域的基础地理情况，展示的地图可达9张。

6.2.1.1　中国行政区划图

本图用于标示宁夏在中国的位置图，表达方式为中国行政区划图中宁夏单独设色、其余设统一色。图层中的类别和内容、要素类型、可见程度的表达见附录A表A.1。

6.2.1.2　宁夏行政区划图

体现本地市在宁夏的位置，表达方式为宁夏行政区划图中本地市单独设色、其余设统一色。图层中的类别和内容、要素类型、可见程度的表达见附录A表A.2。

6.2.1.3　市行政区划图

体现本县区在所属地市的位置，表达方式为所属地市行政区划图中县区单独设色、其余设统一色。图层中的类别和内容、要素类型、可见程度的表达见附录 A 表 A.3。

6.2.1.4 影像图

本行政区域内影像地图，按照 GB/T 15968—2008 的要求，将影像图沉底后表达基础的道路、水系、居民点、行政区要素。图层中的类别和内容、要素类型、可见程度的表达见附录 A 表 A.4。

6.2.1.5 城区图

本行政区域内城区地图，将城区道路街巷等相关内容表达出来。图层中的类别和内容、要素类型、可见程度的表达见附录 A 表 A.5。

6.2.1.6 民政设施分布图

本行政区域内民政专题图，在表达基础行政区划的基础上，添加关于民政的专题要素。图层中的类别和内容、要素类型、可见程度的表达见附录 A 表 A.6。

6.2.1.7 旅游资源分布图

本行政区域内旅游专题图，在表达基础行政区划的基础上，添加关于旅游的专题要素。图层中的类别和内容、要素类型、可见程度的表达见附录 A 表 A.7。

6.2.1.8 教育文化分布图

本行政区域内教育文化专题图，在表达基础行政区划的基础上，添加关于教育文化的专题要素。图层中的类别和内容、要素类型、可见程度的表达见附录 A 表 A.8。

6.2.1.9 医疗卫生分布图

本行政区域内医疗卫生专题图，在表达基础行政区划的基础上，添加关于医疗卫生的专题要素。图层中的类别和内容、要素类型、可见程度的表达见附录 A 表 A.9。

6.2.1.10 交通设施分布图

本行政区域内交通设施专题图，在表达基础行政区划的基础上，添加关于交通设施的专题要素。图层中的类别和内容、要素类型、可见程度的表达见附录 A 表 A.10。

6.2.2 地名专题图组

本图组主要展示一定行政区域范围内地名工作中和第一、二次全国地名普查形成的地名图。实际制图中,可能出现部分与基础地理地图要素重复的情况,如有差异,以普查数据为准。

6.2.2.1 交通运输设施专题图

本行政区域内交通运输设施专题图,在表达基础行政区划的基础上,添加地名工作和普查中得到的交通运输设施专题要素。图层中的类别和内容、要素类型、可见程度的表达见附录A表A.11。

6.2.2.2 居民点专题图

本行政区域内居民点专题图,在表达基础行政区划的基础上,添加关于地名工作和普查中得到的居民点专题要素。图层中的类别和内容、要素类型、可见程度的表达见附录A表A.12。

6.2.2.3 群众自治组织专题图

本行政区域内群众自治组织专题图,在表达基础行政区划的基础上,添加关于地名工作和普查中得到的群众自治组织专题要素。图层中的类别和内容、要素类型、可见程度的表达见附录A表A.13。

6.2.2.4 水利水电专题图

本行政区域内水利水电专题,在表达基础行政区划的基础上,添加关于地名工作和普查中得到的水利水电(通信设施和部分电力设施需脱密)专题要素。图层中的类别和内容、要素类型、可见程度的表达见附录A表A.14。

6.2.2.5 非行政区域专题图

本行政区域内的非行政区域专题图,在表达基础行政区划的基础上,添加关于地名工作和普查中得到的非行政区域专题要素。图层中的类别和内容、要素类型、可见程度的表达见附录A表A.15。

6.2.2.6 纪念地专题图

本行政区域内纪念地专题图,在表达基础行政区划的基础上,添加关于地名工作和普查中得到的纪念地专题要素。图层中的类别和内容、要素类型、可见程度的表达见附录A表A.16。

6.2.2.7 沟渠分布图

本行政区域内沟渠专题图,在表达基础行政区划的基础上,添加关于地名工作和普查中得到的沟渠专题要素。图层中的类别和内容、要素类型、可见程度的表达见附录 A 表 A. 17。

6. 2. 2. 8　地名标志分布图

本行政区域内的地名标志专题图,在表达基础行政区划的基础上,添加关于地名工作和普查中得到的地名标志专题要素。图层中的类别和内容、要素类型、可见程度的表达见附录 A 表 A. 18。

6. 2. 3　市县图组

对一定行政区域的内容逐个进行展示。地市、县区图着重展示本行政区域的内容,其他地市、县区只展示基础地理信息地图内容,不展示其他专题内容。

6. 2. 3. 1　地市标准地名图

地市标准地名图在表达基础行政区划的基础上,添加关于地名工作和普查中得到的专题要素。图层中的类别和内容、要素类型、可见程度的表达见附录 A 表 A. 19。

6. 2. 3. 2　县区标准地名图

县区标准地名图,在表达基础行政区划的基础上,添加关于地名工作和普查中得到的专题要素。图层中的类别和内容、要素类型、可见程度的表达见附录 A 表 A. 20。

6. 2. 3. 3　乡镇(街道)标准地名图

乡镇(街道)标准地名图在表达基础行政区划的基础上,添加关于地名工作和普查中得到的专题要素。乡镇(街道)标准地名图仅用于地市、县级标准地名图集。图层中的类别和内容、要素类型、可见程度的表达见附录 A 表 A. 21。

6. 2. 4　特色图组

本行政区域内的高分影像图组,包括但不限于制图区内政府驻地、民政局驻地、主要街道、繁华区域、有特点的自然地貌、大型纪念地、大型旅游景点、国家投资兴建的高新产业区域、在建和已建成国家大型建筑设施、制图区内具有较大地名文化意义的区域。

7　编制要求

7. 1　版式

具体符合以下要求:

a)各图幅的主区图形放置应居中；

b)分区统计图表及附图应合理利用邻区空间，视觉上美观大方；

c)特色图的版面设计应配置精美图片。

7.2 图例

采用图集统一图例，制作序图、地名专题图、市县专题图、特色图。

7.3 序图、专题图编制

7.3.1 编制要求按照 GH1002—1995 和 CH1003—1995 规定执行。

7.3.2 界线应符合以下要求：

a)本图集中的界线分为省级界线、地市级界线、县级界线、乡级界线、市县界线、县乡界线。其中，乡级界线、县乡界线仅用于地市、县级标准地名图集；

b)各级界线在编辑过程中，应严格要求、不得随意进行综合，要保持界线的弯曲特征，相交点、直线、折线、弧线必须正确表示，不得任意改变形状；

c)界线相交时，一般以实部相交或点位相交，界线以河流、道路为界时，界线需要跳绘表示，注意界线符号的完整、协调性，并且每组跳绘符号不要过长，一般二至三节为宜；

d)各级界线应严格按照相关资料表示。

7.3.3 居民点应符合以下要求：

a)按图集编绘的上一年度《中华人民共和国行政区划简册》《中华人民共和国行政乡镇区划简册》核查乡级及以上居民地的行政级别、名称及驻地；按地名普查成果核查地市、县区、乡镇级居民地的行政级别、名称及驻地。其中，乡镇(街道)居民点仅用于地市、县级标准地名图集。

b)区分省级政府驻地、地级政府驻地、县级政府驻地、乡镇及其他居民地。

c)应正确表示居民地点位符号与道路、河流等线状要素的相割、相切、相交的关系。

d)表面注记：注出地区和县市完整名称。

7.3.4 道路应符合以下要求：

a)选取道路时要正确反映本行政区域内的各级道路的分布特点、密度对比关系；

b)应尽量保持居民地之间、道路和道路之间的贯通性，同时应注意反映本市道路网的特点；

c）道路的跟踪线画要光滑、连续，各级道路之间的相对关系要正确；

d）道路编号的配置应清晰、准确。

7.3.5　水系应符合以下要求：

a）河流的粗度以0.1～0.4mm渐变表示，河流线画要光滑、连续，河流与河流一定要锐角相交，不能出现倒流现象，单线河粗细变化要生动、流畅、自然。

b）双线河一般不窄于0.4mm，当个别河段宽度窄于0.4mm时，可根据具体情况用单线表示或夸大表示到0.4mm。时令河以单线渐变表示，时令湖以虚线表示，其规格参照图例。

c）密集地区可舍去部分渠道，但要注意渠网的密度对比。

d）依照基本资料表示大型水库。

e）影像图中要处理好水系和地貌之间的套合关系，不得出现"河流爬坡"现象。

7.3.6　山脉、山峰应符合以下要求：

a）表示重点山峰。

b）山脉注记的配置一般应沿着山脊的走向，以雁行字列排列。

7.3.7　注记应符合以下要求：

a）注记的排放要指示明确，便于读图，本行政区域内注记尽量要放在本行政区域内，且位置尽量放在第一位置。

b）水系注记采用斜注，不许倒注，字与字之间不应超过五个字大。每隔20～30cm注一个名称，山脉注记采用屈曲排列。

c）水库、湖泊的注记一般应注在湖泊、水库内部，如不能容纳时，可压水涯线或注在一侧。

d）邻区表面注记、沙漠、盆地等表面注记适当缩放字体大小。

7.3.8　其他

序图部分图表及文字简介中涉及的文字：标题及比例尺一般采用汉仪中等线体，字符间隔20%～80%，垂直缩放至75%，字大压扁后18～32pt为宜；其他文字一般采用汉仪中宋简，字符间隔20%，字大18～24pt为宜。地图部分（包括附录B）涉及的文字和符号参考附录B。

7.4 城区图编制

应符合以下要求：

a）城区平面图主要反映城市的街道、广场、交通、绿化、水系等内容，街道区分为主干道、次干道、支线。用定位符号和注记标出政府驻地、机关、学校、医院、企事业单位、公共设施、名胜古迹等。

b）主干道应加注名称，次干道、支线应视图面情况选择标注。街区内适当标注一些地名。

8 符号设计

符号设计见附录B。

附录A
（资料性附录）
地图表示内容

表A.1 中国行政区划图

图层		要素类型	可见程度
类别	内容		
基础地理	政府驻地	点	√
	行政区划界线	线	√
	行政区域	面	√
	主要陆地地形	点	√
	主要陆地水系	线	√
	主要道路交通（县道以上）	线	
	居民点（抽稀）	点	√
普查成果	水利、电力、通信设施	点	
	陆地水系	线	
	陆地地形	点	
	行政区域	面	
	非行政区域	面	
	群众自治组织	点	
	居民点	点	
	交通运输设施	线、点	

表 A.2　宁夏基础行政区划图

图层		要素类型	可见程度
类别	内容		
基础地理	政府驻地	点	√
	行政区划界线	线	√
	行政区域	面	√
	主要陆地地形	点	√
	主要陆地水系	线	√
	主要道路交通(县道以上)	线	√
	居民点(抽稀)	点	√
普查成果	水利、电力、通信设施	点	
	陆地水系	线	
	陆地地形	点	
	行政区域	面	
	非行政区域	面	
	群众自治组织	点	
	居民点	点	
	交通运输设施	线、点	
	纪念地与旅游景点	点	
	建筑物	点	

表 A.3　地市基础行政区划图

图层		要素类型	可见程度
类别	内容		
基础地理	政府驻地	点	√
	行政区划界线	线	√
	行政区域	面	√
	主要陆地地形	点	√
	主要陆地水系	线	√
	主要道路交通(县道以上)	线	√
	居民点(抽稀)	点	√

续表

图层		要素类型	可见程度
类别	内容		
普查成果	水利、电力、通信设施	点	
	陆地水系	线	
	陆地地形	点	
	行政区域	面	
	非行政区域	面	
	群众自治组织	点	
	居民点	点	
	交通运输设施	线、点	
	纪念地与旅游景点	点	
	建筑物	点	

表 A.4 行政区域影像图

图层		要素类型	可见程度
类别	内容		
基础地理	政府驻地	点	√
	行政区划界线	线	√
	行政区域	面	√
	主要陆地地形	点	√
	主要陆地水系	线	√
	主要道路交通(县道以上)	线	
	居民点(抽稀)	点	
普查成果	水利、电力、通信设施	点	
	陆地水系	线	
	陆地地形	点	
	行政区域	面	
	非行政区域	面	
	群众自治组织	点	
	居民点	点	
	交通运输设施	线、点	
	纪念地与旅游景点	点	
	建筑物	点	

表 A.5 行政区域城区图

图层		要素类型	可见程度
类别	内容		
基础地理	政府驻地	点	√
	行政区划界线	线	√
	行政区域	面	
	主要陆地地形	点	√
	主要陆地水系	线	√
	主要道路交通(县道以上)	线	
	居民点(抽稀)	点	
普查成果	水利、电力、通信设施	点	
	陆地水系	线	
	陆地地形	点	
	行政区域	面	
	非行政区域	面	
	群众自治组织	点	√
	居民点	点	√
	交通运输设施	线、点	√
	纪念地与旅游景点	点	
	建筑物	点	√
	单位	点	√

表 A.6 行政区域民政设施分布图

图层		要素类型	可见程度
类别	内容		
基础地理	政府驻地	点	√
	行政区划界线	线	√
	行政区域	面	√
	主要陆地地形	点	√
	主要陆地水系	线	√
	三要道路交通(县道以上)	线	√
	居民点(抽稀)	点	√

续表

图层		要素类型	可见程度
类别	内容		
普查成果	水利、电力、通信设施	点	
	陆地水系	线	
	陆地地形	点	
	行政区域	面	
	非行政区域	面	
	群众自治组织	点	
	居民点	点	
	交通运输设施	线、点	
	纪念地与旅游景点	点	
	建筑物	点	
	单位	点	
	属民政有关不涉密的设施	点	√

表 A.7 行政区域旅游资源分布图

图层		要素类型	可见程度
类别	内容		
基础地理	政府驻地	点	√
	行政区划界线	线	√
	行政区域	面	√
	主要陆地地形	点	√
	主要陆地水系	线	√
	主要道路交通(县道以上)	线	√
	居民点(抽稀)	点	√
普查成果	水利、电力、通信设施	点	
	陆地水系	线	
	陆地地形	点	
	行政区域	面	
	非行政区域	面	
	群众自治组织	点	
	居民点	点	
	交通运输设施	线、点	
	纪念地与旅游景点	点	
	建筑物	点	
	单位	点	
	重点旅游要素	点	√

表 A.8 行政区域交通设施分布图

图层		要素类型	可见程度
类别	内容		
基础地理	政府驻地	点	√
	行政区划界线	线	√
	行政区域	面	√
	主要陆地地形	点	√
	主要陆地水系	线	√
	主要道路交通(县道以上)	线	√
	居民点(抽稀)	点	√
普查成果	水利、电力、通信设施	点	
	陆地水系	线	
	陆地地形	点	
	行政区域	面	√
	非行政区域	面	
	群众自治组织	点	
	居民点	点	
	交通运输设施	线、点	
	纪念地与旅游景点	点	
	建筑物	点	
	单位	点	
	交通局、交警队、加油站	点	√

表 A.9 行政区域教育文化分布图

图层		要素类型	可见程度
类别	内容		
基础地理	政府驻地	点	√
	行政区划界线	线	√
	行政区域	面	√
	主要陆地地形	点	√
	主要陆地水系	线	√
	主要道路交通(县道以上)	线	√
	居民点(抽稀)	点	√

续表

图层		要素类型	可见程度
类别	内容		
普查成果	水利、电力、通信设施	点	
	陆地水系	线	
	陆地地形	点	
	行政区域	面	
	非行政区域	面	
	群众自治组织	点	
	居民点	点	
	交通运输设施	线、点	
	纪念地与旅游景点	点	
	建筑物	点	
	单位	点	
	幼儿园、小学、初中、高中、教育局、文化	点	√

表 A.10　行政区域医疗卫生分布图

图层		要素类型	可见程度
类别	内容		
基础地理	政府驻地	点	√
	行政区划界线	线	√
	行政区域	面	√
	主要陆地地形	点	√
	主要陆地水系	线	√
	主要道路交通（县道以上）	线	√
	居民点（抽稀）	点	√
普查成果	水利、电力、通信设施	点	
	陆地水系	线	
	陆地地形	点	
	行政区域	面	
	非行政区域	面	
	群众自治组织	点	
	居民点	点	
	交通运输设施	线、点	
	纪念地与旅游景点	点	
	建筑物	点	
	单位	点	
	医院、卫生所、社区诊所、检疫所、卫生局	点	√

表 A.11　行政区域交通运输设施专题图

图层		要素类型	可见程度
类别	内容		
基础地理	政府驻地	点	√
	行政区划界线	线	√
	行政区域	面	√
	主要陆地地形	点	√
	主要陆地水系	线	√
	主要道路交通（县道以上）	线	√
	居民点（抽稀）	点	√
普查成果	陆地水系	线	
	陆地地形	点	
	行政区域	面	√
	非行政区域	面	
	群众自治组织	点	
	居民点	点	
	交通运输设施	线、点	√

表 A.12　行政区域居民点专题图

图层		要素类型	可见程度
类别	内容		
基础地理	政府驻地	点	√
	行政区划界线	线	√
	行政区域	面	√
	主要陆地地形	点	√
	主要陆地水系	线	√
	主要道路交通（县道以上）	线	√
	居民点（抽稀）	点	√
普查成果	水利、电力、通信设施	点	
	陆地水系	线	
	陆地地形	点	
	行政区域	面	
	非行政区域	面	
	群众自治组织	点	
	居民点	点	√
	交通运输设施	线、点	
	纪念地与旅游景点	点	
	建筑物	点	
	单位	点	

表 A.13 行政区域群众自治组织专题图

图层		要素类型	可见程度
类别	内容		
基础地理	政府驻地	点	√
	行政区划界线	线	√
	行政区域	面	√
	主要陆地地形	点	√
	主要陆地水系	线	√
	主要道路交通(县道以上)	线	√
	居民点(抽稀)	点	√
普查成果	水利、电力、通信设施	点	
	陆地水系	线	
	陆地地形	点	
	行政区域	面	√
	非行政区域	面	
	群众自治组织	点	√
	居民点	点	
	交通运输设施	线、点	
	纪念地与旅游景点	点	
	建筑物	点	
	单位	点	

表 A.14 行政区域水利水电专题图

图层		要素类型	可见程度
类别	内容		
基础地理	政府驻地	点	√
	行政区划界线	线	√
	行政区域	面	√
	主要陆地地形	点	√
	主要陆地水系	线	√
	主要道路交通(县道以上)	线	√
	居民点(抽稀)	点	√

续表

图层		要素类型	可见程度
类别	内容		
普查成果	水利、电力、通信设施	点	√
	陆地水系	线	
	陆地地形	点	
	行政区域	面	√
	非行政区域	面	
	群众自治组织	点	
	居民点	点	
	交通运输设施	线、点	
	纪念地与旅游景点	点	
	建筑物	点	
	单位	点	

表 A.15　行政区域内非行政区域专题图

图层		要素类型	可见程度
类别	内容		
基础地理	政府驻地	点	√
	行政区划界线	线	√
	行政区域	面	√
	主要陆地地形	点	√
	主要陆地水系	线	√
	主要道路交通(县道以上)	线	√
	居民点(抽稀)	点	√
普查成果	水利、电力、通信设施	点	
	陆地水系	线	
	陆地地形	点	√
	行政区域	面	√
	非行政区域	面	
	群众自治组织	点	
	居民点	点	
	交通运输设施	线、点	
	纪念地与旅游景点	点	
	建筑物	点	
	单位	点	

表 A. 16　行政区域内纪念地专题图

图层		要素类型	可见程度
类别	内容		
基础地理	政府驻地	点	√
	行政区划界线	线	√
	行政区域	面	√
	主要陆地地形	点	√
	主要陆地水系	线	√
	主要道路交通(县道以上)	线	√
	居民点(抽稀)	点	√
普查成果	水利、电力、通信设施	点	
	陆地水系	线	
	陆地地形	点	
	行政区域	面	
	非行政区域	面	
	群众自治组织	点	
	居民点	点	
	交通运输设施	线、点	
	纪念地与旅游景点	点	√
	建筑物	点	
	单位	点	

表 A. 17　行政区域内沟渠分布图

图层		要素类型	可见程度
类别	内容		
基础地理	政府驻地	点	√
	行政区划界线	线	√
	行政区域	面	√
	主要陆地地形	点	
	主要陆地水系	线	
	主要道路交通(县道以上)	线	
	居民点(抽稀)	点	

续表

图层		要素类型	可见程度
类别	内容		
普查成果	水利、电力、通信设施	点	
	陆地水系	线	√
	陆地地形	点	√
	行政区域	面	√
	非行政区域	面	√
	群众自治组织	点	
	居民点	点	√
	交通运输设施	线、点	√
	纪念地与旅游景点	点	√
	建筑物	点	
	单位	点	
	沟渠	线	√

表 A.18 行政区域内地名标志分布图

图层		要素类型	可见程度
类别	内容		
基础地理	政府驻地	点	√
	行政区划界线	线	√
	行政区域	面	√
	主要陆地地形	点	
	主要陆地水系	线	
	主要道路交通(县道以上)	线	
	居民点(抽稀)	点	
普查成果	水利、电力、通信设施	点	
	陆地水系	线	√
	陆地地形	点	√
	行政区域	面	√
	非行政区域	面	√
	群众自治组织	点	
	居民点	点	√
	交通运输设施	线、点	√
	纪念地与旅游景点	点	√
	建筑物	点	
	单位	点	
	地名标志	点	√

表 A.19　地市标准地名图

图层		要素类型	可见程度
类别	内容		
基础地理	政府驻地	点	√
	行政区划界线	线	√
	行政区域	面	√
	主要陆地地形	点	
	主要陆地水系	线	
	主要道路交通(县道以上)	线	
	居民点(抽稀)	点	
普查成果	水利、电力、通信设施	点	
	陆地水系	线	
	陆地地形	点	
	行政区域	面	
	非行政区域	面	
	群众自治组织	点	
	居民点	点	√
	交通运输设施	线、点	√
	纪念地与旅游景点	点	√
	建筑物	点	
	单位	点	

表 A.20　县区标准地名图

图层		要素类型	可见程度
类别	内容		
基础地理	政府驻地	点	√
	行政区划界线	线	√
	行政区域	面	√
	主要陆地地形	点	
	主要陆地水系	线	
	主要道路交通(县道以上)	线	
	居民点(抽稀)	点	

续表

图层		要素类型	可见程度
类别	内容		
普查成果	水利、电力、通信设施	点	
	陆地水系	线	√
	陆地地形	点	√
	行政区域	面	√
	非行政区域	面	√
	群众自治组织	点	
	居民点	点	√
	交通运输设施	线、点	√
	纪念地与旅游景点	点	√
	建筑物	点	
	单位	点	

表 A.21　行政区域内乡镇(街道)标准地名图

图层		要素类型	可见程度
类别	内容		
基础地理	政府驻地	点	√
	行政区划界线	线	√
	行政区域	面	√
	主要陆地地形	点	
	主要陆地水系	线	
	主要道路交通(县道以上)	线	
	居民点(抽稀)	点	
普查成果	水利、电力、通信设施	点	
	陆地水系	线	√
	陆地地形	点	√
	行政区域	面	√
	非行政区域	面	√
	群众自治组织	点	
	居民点	点	√
	交通运输设施	线、点	√
	纪念地与旅游景点	点	√
	建筑物	点	
	单位	点	

附录 B

（资料性附录）

符号规定

《宁夏回族自治区标准地名图集》符号制定

（注：此符号规定为暂定版，后期会调整修改）

一、开幅

787mm×1092mm，8开本。成品：260mm×370mm；内图廓324mmx484mm。

二、行政区域(点)

(1) 自治区政府驻地：	◎自治区政府	线粗0.15mm，m100y100,内普y70；中心点d=1.0mm，m100y100，0.1mm边线； 注记：汉仪大黑简,4mm，y70;套0.5mm,m100y100边线
(2) 地级市政府驻地：	◉银川市	符号：外圈d=2.5mm，线粗0.15mm，m100y100，内普白色；中心点d=1.7mm，m100y100，无边线 注记：汉仪大黑简,3.5mm，m100y100；
(3) 区县政府驻地：	○西夏区	符号：外圈d=2mm，线粗0.15mm，k100，内普白色；中心点d=1.3mm，k100，0.12mm边线 注记：汉仪大黑简，3mm,k100；
(4) 乡、镇、街道：	◉大新镇	符号:外圈d=1.75mm，线粗0.13mm，k100，内普白色；k100，无边线 注记:汉仪中黑简，2.625mm ，k100；

三、行政区域(面)(分区设色)

(1)粉色		m20
(2)浅绿色		c25y35
(3)浅黄色		y30
(4)紫蓝色		c30m15
(5)橙色		ml0y30，(备用色)
(6)色带：		色带内侧：宽1.2mm，c40m60；色带外侧：宽1.2mm，c20m30；
(7)省级表面注记	宁夏回族自治区	中隶7mm，k70(风域小的可概据情况端小字级)
(8)市级表面注记：	银川市	汉仪魏碑简5mm，m100,(区域小的可根据情况缩小字级)
(9)县级表面注记：	西夏区	汉仪粗宋简4mm，m50y80k60,(区域小的可根据情况缩小字级)

四、行政区划界线(线)

(1) 省级界：		线粗:0.35mm,k100，3.2/0.5/0.35/0.5/0.35/0.5； 色带内侧：宽1.5mm，c40m60；色带外侧：宽1.5mm，c20m30；
(2) 地级市界：		线粗:0.3mm,k100，2.5/0.4/2.5/0.4/0.3/0.4； 色带内侧：宽1.2mm，c40m60；色带外侧：宽1.2mm，c20m30；
(3) 县级界：		线粗:0.25mm,k100，3/0.4/0.25/0.4；
(4) 乡镇界：		线粗:0.3mm,k100，0.3/0.8；

五、非行政区域(线表示)

(1)矿区　宁夏汝淇沟矿区
符号：线粗0.25mm，k100，开2.5关1.5.
注记：汉仪中圆简，2.5mm，k100；

(2)农林牧渔区　宁夏牧区
符号：线粗10.25mm，c100y100，+0.75关0.75，
注记：汉仪中等线简，2.5mm，c100y100，

(3)开发区、工业园区　银川经济技术开发区
符号：线粗0.25mm， mlo0y 100，
注记：汉仪中黑简，2.5mm，t100y100，

六、非行政区域(面表示)

(1)矿区：　m50y80k60；

(2)农场：　c25y35：

(3)林场：　c100y100：

(4)牧场：　cl2m48y62，

(5)渔场：　c100m20；

(6)工业区；　m70y100，

(7)开发区：　c50ml00；

七、群众自治组织

(1)行政村(村委会)/街道办(居委会)，　红崖村
符号：d-1.25mm，线粗0.1mm，k100，内普m30y60；
注记：方正宋黑简体，2.2mm，k100

八、居民点

(1) 自然村：　大兴墩
符号：d=1mm，线粗0.1mm，kl00.内普白色，
注记：汉仪继中测简体，1.75mm，k100，

(2) 居民小区、片村：　湖畔嘉苑
注记：汉仪楷体简，1.75mm，k100；

(3) 农场：
符号:2.0mm×2.0mm，c100y100
注记:汉仪楷体简，2.1mm ，c100y100;

(4) 林场：　西山林场
符号:2.0mm×2.0mm，c100y100
注记:汉仪楷体简，2.1mm ，c100y100;

(5) 牧场：　天山牧场
符号:2.0mm×2.0mm，c100y100
注记:汉仪楷体简，2.1mm ，c100y100;

(6) 渔场：　黄河渔场
符号:2.0mm×2.0mm，c100
注记:汉仪楷体简，2.1mm，c100;

(7) 茶场：
符号:2.0mm×2.0mm，c100y100
注记:汉仪楷体简，2.1mm ，c100y100;

(8) 工矿点：
符号:2.0mm×2.0mm，c100y100
注记:汉仪中等线简，2.1mm ，k100;

地名标志：　海原县
符号:大小 1.5mm×1.5mm，c90m90;
注记:底面：10.5mm×4.5mm,上白线9.8mm×3.8mm,汉仪大黑简，中文注记，2mm，白色;英文注记，1mm、白色;

九、交通运输设施

(1) 高速铁路及名称：　西银客运专线　未成　西安北客站
底线0.5mm,c30m100，上线0.25mm,3.0mm间距白色虚线,未成线段3.0mm间0.12mm,白色。
火车站2×1mm,0.15mm,c30m100边线，内普白色;
铁路名称、车站名称:2.3mm，汉仪细圆c30m100

(2) 铁路、火车站及各自名称：　包兰线　未成　银川西
底线0.5mm,k100，上线0.25mm,3.0mm间距白色虚线,未成线段3.0mm间0.12mm白色。
火车站2×1mm,0.15,k100边线，内普白色;
铁路名称、车站名称:2.3mm、汉仪细圆k100

(3) 高速公路名称及编号：

高速名称：汉仪中黑筒，2.275mm，m100y100k20；
编号：汉仪中黑筒1.95mm，白色；其他符号改变编号照此拷贝即可；
高速底0.9mm，m100y100k20；高速中0.7mm，y60；高速上0.1mm，m100y100k20；

(4) 出入口、立交桥：

真形立交：底线0.4mm，m100y100k20，上线0.2mm，y60，符号m70y100底（d=1.9mm）
立交名称注记：汉仪楷体筒2.1mm，m100y100k20；
出入口注记：汉仪中黑筒2.1mm(水平或垂直比例85%)，m70y100

(5) 收费站，服务区：

收费站符号：1mm×1.7mm，m100y100k20边线，内普y70；服务区符号照此拷贝。
名称框2.4mm高，c100m20；服务区注记汉仪中黑筒2.1mm(水平比例85%)，白色；
收费站注记：汉仪中黑筒2.1mm(水平或垂直比例85%)，k100；

(6) 国道及编号：

底线0.8mm，k100，上线0.6mm，y100m70；
编号：外框3.5mm×1.9mm，边线0.12mm，k100边线，内普y100m70；汉仪中黑筒1.75mm，白色，编号水平放置。符号照此拷贝即可.

(7) 省道及编号：

底线0.7mm，k100，上线0.5mm，c85y70；
编号：外框4.2mm×1.9mm，边线0.12mm，k100边线，内普色c85y70；汉仪中黑筒1.75mm，白色，编号水平放置。符号照此拷贝即可.

(8) 县道：

底线0.55mm，k70，上线0.35mm，c30m35；
编号：外框4.2mm×1.9mm，边线0.1mm，k100边线，内普色c30m35；汉仪中黑筒1.75mm，k100，编号水平放置。符号照此拷贝即可.

(9) 汽车站：

符号：大小 2mm×2.2mm；
注记：汉仪中黑筒，2.1mm，m65y100；

(10) 飞机场：

符号外圈d=2.5mm，c80m70，飞机符号白色。
注记汉仪中黑2.275mm（水平比例80%），c80m70。

十、纪念地

(1) 陵园：

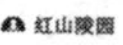

符号：2.5mm×1.5mm，c10m100y100k25；
注记：汉仪中等线筒，2.1mm，c10m100y100k25；

(2) 纪念馆、纪念堂：

符号：2mm×2mm，m100y100；
注记：汉仪中等线筒，2.1mm，m100y100；

(3) 寺、庙：

符号：2.5mm×1.8mm，c60m100；
注记：汉仪中等线筒，2.1mm，c60m100；

(4) 清真寺：

符号：2.5mm×1.3mm，c90m90；
注记：汉仪中等线筒，2.1mm，c90m90；

(5) 教堂：

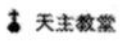

符号：2.4mm×1.25mm，k100；
注记：汉仪中等线筒，2.1mm，k100；

十一、旅游景点

(1) 世界文化自然遗产：

符号：大小 2mm×2mm；
注记：汉仪中楷筒，2.1mm，m100y100；

(2) 国家级风景名胜区：

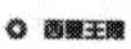

符号：大小 2.2mm×2.2mm；
注记：汉仪综艺体筒，2.1mm，c30m100；

(3) 省级风景名胜区：

符号：大小 2mm ×2mm，c90m90；
注记：汉仪中圆筒，2.1mm，c90m90；

(4) 市级风景名胜区：

符号：大小 2mm×2mm，m50y100；
注记：汉仪楷体筒，2.1mm，m50y100；

(5) 红色革命旧址：

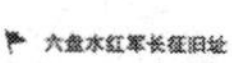

符号：大小 2.1mm×2.1mm；
注记：汉仪中等线筒，2.1mm，m100y100；

(6) 自然保护区：

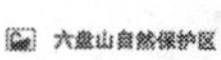

符号：大小 2.85mm×2.2mm，c100y100；
注记：汉仪中黑筒，2.1mm，c100y100；

十二、建筑物

(1) 街区/房屋：

普色c15m20y45，无边线；

(2) 亭、台：

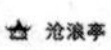

符号：大小 2.5mm×2.1mm，k100；
注记：汉仪中等线筒，2.1mm，k100；

(3) 碑： 英雄纪念碑
符号:大小 2.2mm×2.1mm，k100；
注记:汉仪中等线简，2.1mm，k100；

(4) 塔： 拜寺口双塔
符号:大小 2.45mm×2.3mm，k100；
注记:汉仪中等线简，2.1mm，k100；

(5) 古建筑/城堡： 平罗玉皇阁
符号:大小 2.3mm×2.3mm，c10m100y100k25；
注记:汉仪中等线简，2.1mm，c10m100y100k25；

(6) 场(体育场、广场)：
符号:大小 2.3mm×4mm；
注记:汉仪中等线简，2.1mm，k100；

(7) 长城、城墙：
符号:线粗0.2mm，m20y100k40；
注记:汉仪中等线简，2.1mm，m20y100k40；

十三、单位

(1) 党政机关： 固原市市委
符号:大小 2.3mm×2.3mm，m100y100；
注记:汉仪中等线简，2.1mm，m100y100；

(2) 企事业单位： 统计局
符号:大小 1.5mm×1.5mm，k100；
注记:汉仪中等线简，2.1mm，k100；

(3) 学校： 银川市第一中学
符号:大小 2mm×2mm，c100；
注记:汉仪中等线简，2.1mm，c100；

(4) 医院： 人民医院
符号:大小 2mm×2mm，m100y100；
注记:汉仪中等线简，2.1mm，m100y100；

(5) 民间组织： 统计局
符号:大小 1.5mm×1.5mm，y100k60；
注记:汉仪中等线简，2.1mm，y100k60；

十四、陆地水系

(1) 河流：

根据河流长短从0.1mm～0.4mm渐变，C100。
双线河边线0.1mm，c100、内普色c40。

(2) 湖泊：
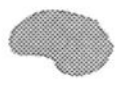
0.1mm,c100边线、内普色c40。

(3) 水库：

0.1mm,c100边线，内普色c40。点状水库：2mm×1.25mm,c100；

(4) 沟渠：
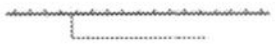
主渠0.25mm线粗，小短线0.15mm粗0.4mm长，支渠0.12mm线粗，c100。

(5) 井：
符号：2.5mm×2.5mm,0.15mm,c100。

(6) 泉：
符号：3mm×1.5mm,c100。

十五、陆地地形

(1) 山峰： 六盘山 2928
符号：2/1,m20y70k40；注记：汉仪中等线简，2mm×1.6mm，m20y70k40；

(2) 山脉： 贺兰山
汉仪中黑简,右耸肩,m20y70k40，三级山脉：4.5mm；四级山脉：4mm；
五级山脉：3.5mm；五级以下：3mm；根据山脉走势摆放；

(3) 沙漠： 腾格里沙漠
汉仪长美黑简体，6mm，k100，根据范围散列摆放；

(4) 高原： 黄土高原
汉仪大宋简体，50y80k60，6mm，根据范围散列摆放；

(5)平原、台地、丘陵： 宁夏平原
汉仪大隶书简体，c30m100，5.5mm，根据范围数列摆放

十六、城区图主要符号

居民区级街道：
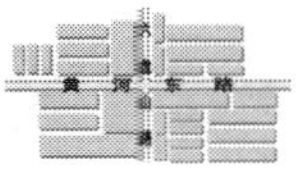
主要街道：底线1mm,k70，上线0.8mm,y50；
主要街道注记：1.75mm,水平比例120%，汉仪中等线简体，k100；
次要街道：底线0.7mm,k70，上线0.5mm,白色；
次要街道注记：1.75mm,水平比例80%，汉仪中等线简体，k100；

(1) 党政机关： 固原市市委
符号:大小 2.3mm×2.3mm，m100y100 ；
注记:汉仪中等线简，2.1mm，m100y100；

(2) 企事业单位： 统计局
符号:大小 1.5mm×1.5mm，k100；
注记:汉仪中等线简，2.1mm，k100；

(3) 学校：

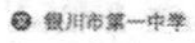

符号：大小 2mm×2mm，c100；
注记：汉仪中等线简，2.1mm，c100；

(4) 医院：

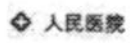

符号：大小 2mm×2mm，m100y100；
注记：汉仪中等线简，2.1mm，m100y100；

(5) 公安局、派出所：

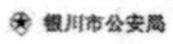

符号：大小 2mm×2.5mm，c90m90；
注记：汉仪中等线简，2.1mm，c90m90；

(6) 加油站：

符号：大小 2mm×2.3mm，y60k45；
注记：汉仪中等线简，2.1mm，y60k45；

(7) 变电站：

符号：大小 2mm×2mm，m100；
注记：汉仪中等线简，2.1mm，m100；

(8) 酒店、宾馆：

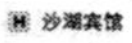

符号：大小 2mm×2mm；
注记：汉仪中等线简，2.1mm，k100；

(9) 银行：

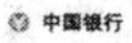

符号：大小 2mm×2mm；
注记：汉仪中等线简，2.1mm，k100；

(10) 商场：

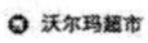

符号：大小 2mm×2mm；
注记：汉仪中等线简，2.1mm，k100；

(11) 电影院：

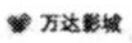

符号：大小 2.3mm×1.9mm；
注记：汉仪中等线简，2.1mm，k100；

(12) 火车站

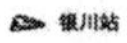

符号：大小 3.5mm×1.65mm；
注记：汉仪中等线简，2.1mm，k100；

标准地名影像图制作规范

DB 64/ T 1674—2019

（宁夏回族自治区市场监督管理厅 2019－12－05 发布，2020－02－05 实施）

前　言

本标准按照 GB/T 1.1—2009 给出的规则起草。

本标准由宁夏回族自治区民政厅提出并归口。

本标准由宁夏回族自治区民政厅组织实施。

本标准主要起草单位：宁夏地名学会、宁夏国土资源调查监测院、宁夏自然资源信息中心、宁夏测绘地理信息院、宁夏自然资源资产统计核算中心。

本标准主要起草人：宋永飞、刘丽、杨翔宇、刘建宁、弓永峰、刘志坚、黄玮、康荣华、刘少宇、郑修远、黄川、罗楷、张静静、李奇、王帆、张兆祺、高金波、余丽等。

标准地名影像图制作规范

1　范围

本标准为标准地名影像图制作的一般规定、基础影像、分幅与编号、标注内容、标注要求和整体要求。

本标准适用于宁夏回族自治区标准地名影像图的编制、公开出版。

2　规范性引用文件

下列文件对于本文件的应用是必不可少的。凡是注日期的引用文件，仅注日期的版本适用于本文件。凡是不注日期的引用文件，其最新版本（包括所有的

修改单)适用于本文件。

GB/T 18521—2001　地名分类与类别代码编制规则

GB/T 35633—2017　公开版地图地名表示通用要求

3　术语和定义

下列术语和定义适用于本文件。

3.1

标准地名影像图

基于遥感影像,表示行政区内标准地名分布及其特征的地图。

4　一般规定

4.1　比例尺

根据工作实际需要、制图区域大小和成图幅面确定成图比例尺。

4.2　标准地名影像图的参数

a)坐标系统:2000 国家大地坐标系;

b)高程基准:1985 国家高程基准;

c)公开出版的标准地名影像图不得绘出经纬线和直角坐标网。

4.3　行政区划

标准地名影像图表示的行政区划,以各级民政部门提供的数据为准。

4.4　标准地名影像图组成

影像图要素主要包括:

a)基础影像:制作标准地名影像图基于的遥感影像;

b)数学要素:地图的比例尺、指北针,是地图制图的基础;

c)主题要素:表示制图区域所要反映的地名和进行地理定位的基础要素;

d)辅助要素:图例、图号、接图表、附图、其他编图资料说明。

5　基础影像

5.1　影像质量

影像应当层次丰富、清晰易读、色调均匀、反差适中;融合后的影像色彩应接近真实自然,色彩均衡,无明显偏色与拼接痕迹。

5.2 平面精度

地物点与附近控制点的图上点位中误差满足表1。

表1 地物点与附近控制点的图上点位中误差表

地形	图上距离	实际距离			
		1:20000	1:10000	1:5000	1:2500
平地、丘陵地	不大于±0.5mm	±10m	±5m	±2.5m	±1.25m
山地、高山地	不大于±0.75mm	±15m	±7.5m	±3.75m	±1.875m

注1:特殊困难地区可按地形类别放宽0.5倍;

注2:根据遥感影像平面图的用途及用户需求,最大不应超过两倍中误差。

6 分幅与编号

影像图的分幅和编号按以下要求进行:

a)一般采用矩形分幅,也可根据图纸规格及编图需要自行确定。

b)编号一般以页码为代号。从上到下排列,先行后列,横向为行,纵向为列。

c)在城区、乡镇等地名较多的地区,可加局部放大图。

d)对分幅图中没有覆盖到的行政区内部边角地域可制作移图。

e)分幅应当制作分幅索引图,标明编号、比例尺和图幅分布情况。分幅索引图示例见附录A。

7 标注内容

7.1 标准地名影像图上应根据需要适当标注各类地名。

7.2 按照GB/T 18521—2001的规定,地名分为陆地水系,陆地地形,行政区域,群众自治组织,非行政区域,居民点,交通运输设施,水利、电力、通信设施,纪念地、旅游景点,建筑物,单位等11大类地名。

7.3 地名进行标注时,应遵循以下原则

a)同类地名表示需要取舍时,优先标注地名意义更大的,或更重要的,或级别更高的地名。

b)不同类别地名标注优先次序为:地标性或标志性建筑物、大型或重要居民点、重要行政机关单位、大型或重点企业、大型或重要开发区、知名旅游景点及公园广场、群众自治组织、一般居民点、地片或区片、其他纪念地及旅游景点、中型

企业等。

c)同一优先级的地名,有形体大小的,应按先大后小的要求标注,有长短的,应按先长后短的要求标注。

d)当各地名的表示发生冲突时,避让原则一般是:点状地名可压盖线状、面状地名;线状地名可压盖面状地名;主要地名与次要地名矛盾时,移动次要地名。

7.4 按照 GB/T 35633—2017 的规定,不可标注的地名主要为涉及国家秘密的地名,如军用设施、监狱、安康医院、武装部、军队等。

8 标注要求

8.1 应主次分明、清晰易认、指向明确、互不混淆、位置合理。

8.2 应明确标注对象,注记之间不得互相压盖,也不得压盖重要地物。

8.3 字体、大小、字色应准确体现出类别或等级的差异。不同类别的地名,可用字体或字色区分。同类别同级别地名的字体、字大、字色及字体变形等应保持一致;不同级别的地名注记应区分字符大小,高级别注记应明显大于低级别注记,主要注记应明显大于次要注记。

8.4 字体使用宋体、等线体等常规字体。

8.5 应依据标注对象的几何形状确定字符间距。字符间距使用特征如下:

a)标准间距:一般字符间距约占字大的20%,图面上符号过密时宜采用零间距;

b)分散间距:依据标注对象的面积范围及线状长度确定,面积大或长度长的则间距相对大,字符间距最大不超过5个字大。

8.6 字符的最小尺寸不小于图上 1.4mm × 1.4mm。

8.7 字色的色相、饱和度和亮度根据地图用途及表达信息类别设定,采用与底色有显著差别的颜色。

8.8 因标准地名影像图色彩较为丰富,为使注记清晰易读,需给所有注记加上宽约0.5mm的白色边线。

8.9 线状地物(河流、公路、隧道等)排布和字向主要采用以下方式:

a)水平排列:字符串的中心连线平行于上下图廓,水平字向,从左至右排布,字头朝向上方。

b)垂直排列:字符串的中心连线垂直于上下图廓,垂直字向,从上而下排布,字头朝向上方。

c)斜交排列:字符串的中心连线斜交于上下图廓,夹角小于45°时字符从左到右排布,大于45°、小于90°时字符从上到下排布。字符采用分散间距,字头朝向上方。主要用于公路、水系等的注记。

8.10 字位要求如下:

a)点状符号(山峰、旅游景点等)的地名标注首选右边字位,当右边字位与其他标注冲突时,依次选择上边、下边、左边字位;

b)面状地物(湖泊、公园等)的地名直接标注于面状地物上方;

c)较长线状地物(如公路、河流等)的地名可沿地物走向标注于相应段,可分段重复标注,一组注记应位于地物同侧。较短线状符号的地名应标注于符号附近。

8.11 符号要求如下:

a)标准地名影像图上需添加符号的地名包括但不限于表2。如果标准地名影像图的比例尺和幅面过大或过小,内容要素过密或过稀,其符号和注记可以依据具体情况适当放大或缩小。

b)在使用表2时,可以根据不同地区的地名特征及用图需要增补或调整符号。

表2 符号样式表

编号	符号名称	符号样式	参数
1	行政中心		大小:2.3mm * 2.3mm; 颜色:m100y100
2	山峰		大小:2mm * 2.5mm; 颜色:k100
3	旅游景点		大小:2.3mm * 2.3mm; 颜色:m100y100
4	地级市界		线粗:0.3mm; 颜色:k100;2.5/0.4/2.5/0.4/0.3/0.4
5	县(市、区)界		线粗:0.25mm; 颜色:k100;3/0.4/0.25/0.4
6	乡、镇界		线粗:0.25mm; 颜色:k100;3/0.4/3/0.4/0.25/0.4
7	隧道		线粗:0.2mm; 颜色:k100

9　整饰要求

9.1　应清晰、简洁地标明点、线、面符号和图例、比例尺等可视化要素，提供正确的阅读方法。

9.2　应提供影像图的编辑说明。具体包括：标准地名影像图的基本情况、内容、各比例尺图幅数、编制单位、编制时间等。

9.3　应制作图例。在图例中注明制作过程中用到的图式符号及其代表的含义。

9.4　应在每一开幅的右上角注明图名。

9.5　应在每一页的左上角或右上角标明页码，其中，右上角的页码置于图名旁边。

9.6　应在每一开幅的右下角标上该幅影像的比例尺。

9.7　应在每一开幅的上、下、左、右边标明邻图图号(即页码)。

附录 A

(资料性附录)

分幅索引图

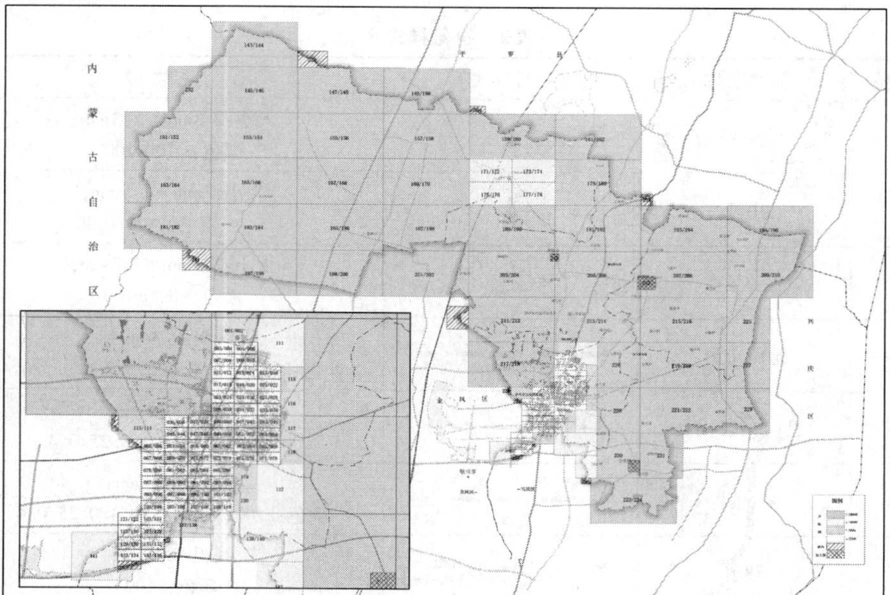

标准地名录编纂规范

DB 64/ T 1675—2019

（宁夏回族自治区市场监督管理厅2019－12－05发布，2020－02－05实施）

前　言

本标准按照GB/T 1.1—2009给出的规则起草。

本标准由宁夏回族自治区民政厅提出并归口。

本标准由宁夏回族自治区民政厅组织实施。

本标准主要起草单位：宁夏地名学会、中国地名研究所、隆德县民政局、南京师范大学、南京大峡谷信息科技有限公司。

本标准主要起草人：王胜三、刘连安、张清华、吴坚、张雪英、刘万银、张春玲。

标准地名录编纂规范

1　范围

本标准规定了编纂的总则、方法步骤、版本式样、外观设计、内部设计、地名采词、条目排序、释文撰写和关键环节等。

本标准适用于宁夏回族自治区标准地名录的组织、编写、出版工作。

2　规范性引用文件

下列文件对于本文件的应用是必不可少的。凡是注日期的引用文件，仅注日期的版本适用于本文件。凡是不注日期的引用文件，其最新版本（包括所有的修改单）适用于本文件。

GB 3100—1993　国际单位制及其应用

GB/T 3101—1993　有关量、单位和符号的一般原则

GB/T 3102.1—1993　空间和时间的量和单位

GB/T 15834—2011　标点符号用法

GB/T 15835—2011　出版物上数字用法

GB/T 18521—2001　地名分类与类别代码编制规则

3　总则

3.1　编纂根据

依据《地名管理条例》《地名管理条例实施细则》《宁夏回族自治区地名条例》等有关规定，开展标准地名录编纂及续修工作。

3.2　检索要求

依照我国名录的传统体例，主要收录现代地名，兼收重要历史地名，比地名词典更为简略。编写要做到资料可靠、体例科学合理、内容言简意赅，编排采取横排竖写。

3.3　编纂基础及重要性

在地名普查、地名公共服务工程和地名数据库建设的基础上，通过汇集资料编辑而成的。标准地名录是各级政府行政管理和经济、军事、外事、公安、交通、邮电、文教、出版、新闻、测绘等各个部门必备的地名资料书、工具书。

3.4　描述

用字、读音、别名（其他名称）、类别、归属、位置等地名要素，要避免歧义、贬义和反义。

3.5　框架结构

由封面、环衬、扉页、前言、凡例、正文、版权页、索引和附图、插图、照片等部分组成。彩色照片集中在书的前面，黑色图照随文编排。

3.6　资料来源

以第一、二次全国地名普查成果为基础，参考地方志、年鉴和历史地理著作及各种地方文献。交通、文化、水利等专业性强的地名，应查找相关的专业志，或请相关部门提供。历史地名主要参考《宁夏历史地名考》和旧志。

3.7 上下限

上限自地名出现,下限至编纂启动的上一年底,做到全书基本一致。

3.8 目的

通过公开出版发行,向社会提供服务。

4 方法步骤

4.1 成立编纂机构

民政部门牵头成立标准地名录编纂委员会,负责整个编纂工作。主要成员:主任1人,由同级分管地名工作的领导担任;副主任2至3人,由同级民政部门负责人、主编担任。下设编纂小组,设主编、副主编各1人,编纂人员3至5人。

4.2 撰写初稿

严格按照自治区制定的地名录体例撰写。

4.3 修订

民政部门组织编纂人员和专家进行修订,由主编进行统稿,形成送审稿,召开专家评审会。根据评审意见作进一步修改,形成终审稿。编纂人员不得兼任评审专家。

4.4 审核定稿

标准地名录终审稿完成后,将稿件电子版和加盖公章的纸质文本一并报送至自治区民政部门审核,并报本级人民政府批准,送交出版社出版。

5 版本式样

5.1 开本、装订、印数

采用787mm×1092mm,1/16开本(188mm×265mm),锁线精装。首次印数不低于2000册(套),除发售、赠送、交换外,应留存备用地名录不少于100册(套)。

5.2 用纸、用字

一般扉页、插页用157g或128g双面铜版纸或雅粉纸,正文一般用80克双面胶版纸,或采用最先进的印刷用纸,方便阅读,美观大方,不易损毁。

5.3 质量

纸质、墨色一致,字距匀称、整齐,页码序号连贯。编校、设计、印制均应符合国家《图书质量管理规定》。同时，印制完成后，应每册塑封，制作布面提袋，装箱贮存、运送。

6　外观设计

6.1　封面

6.1.1　封面内容应包括标准地名录名称——《×××标准地名录》和编、著者信息与出版者名称等，版式设计应庄重美观，见图1：

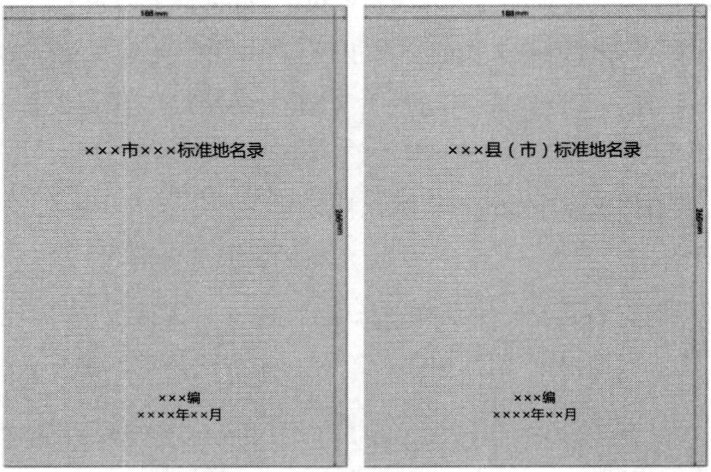

图1　标准地名录封面样式

6.1.2　字体及字号按以下要求设计：

a)“××县标准地名录”黑体22pt，黑色；

b)“×××　编”“×××　　主编”微软雅黑16pt，黑色；

c)“××出版社”微软雅黑16pt，黑色；

d)在颜色上，填充底色应为蓝色，强调文字颜色1，淡色80%。突出部分应渐变，角部辐射。

6.2　封底

6.2.1　封底内容应由地名录名称汉语拼音（大写）、国际标准书号（ISBN）、定价等构成。封底页面布局与规格见图2：

6.2.2　字体及大小按以下要求设计：

a)地名录汉语拼音字体为黑体16pt，黑色；

b)书号字体为微软雅黑14pt，黑色；

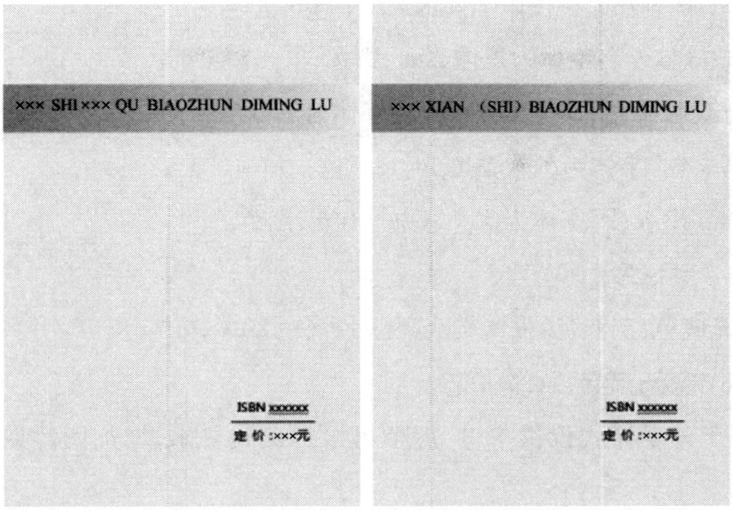

图 2　标准地名录封底样式

c)定价字体为微软雅黑 14pt,黑色。

6.2.3　颜色填充底色为蓝色,强调文字颜色 1,淡色 80%;突出部分为渐变,角部辐射。

6.3　书脊

6.3.1　书脊内容

由录名称、出版者名称等构成页面,布局与规格见图 3:

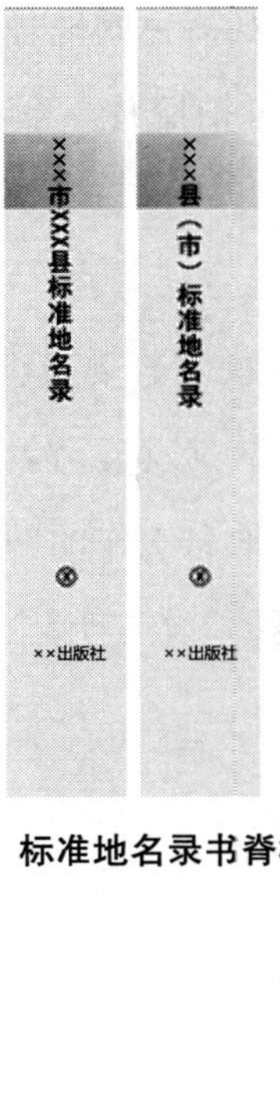

图 3　标准地名录书脊样式

6.3.2　字体及大小按以下要求设计：

a）行政区域专名字体为黑体 20pt，黑色；

b）“行政区域通名 + 标准地名录”字体为黑体 18pt，黑色；

c）“第 × 卷”字体为微软雅黑 14pt，黑色；

d）“ × × 出版社”字体为华文隶书　14pt，黑色。

6.3.3　颜色为：

a）填充底色：灰蓝色，强调文字颜色 1，淡色 80%；

b）突出部分：渐变，角部辐射。

注：以上外观样式仅供参考，后期可根据美编要求，增加图片或其他美化元素。

7　内部设计

7.1　简图

在地名录的政区与居民点地名部分，各省、市、县释文前，应附有相应的政区地名简图一幅，图面注记以政区地名为主，亦可包括少量的自然实体和交通类重要地名。

7.2　照片

筛选部分具有标志性县区景观特色的地理实体彩色照片，并配以照片名称。所用图片必须注明版权，宜采用自拍照片。图幅分辨率应满足影印要求。一页排版 4 张照片，页面清晰明了。

7.3　编委会

民政部门牵头成立标准地名录编纂委员会，负责整个编纂工作。编委会内容包含主任、副主任、主编、副主编、编纂委员等信息，编委排列以姓氏笔画为序。主要成员：主任 1 人，由同级分管地名工作的领导担任；副主任 2 至 3 人，由同级民政部门负责人担任。下设编纂部，设主任、主编、副主编各 1 人，编纂人员 3 至 5 人。

7.4　前言

前言内容一般包括：

a）编纂地名录的背景与意义；

b)新编地名录的特点；

c)编纂地名录的过程；

d)不足与期望。

7.5 凡例

分为通例和特例两个部分：

a)通例。即全书的纲领、结构和所有编纂人员必须共同遵循的条例，如断限、详略原则、行文要求及其他全书必须整齐划一的重要问题；

b)特例。即一些特殊问题的处理原则和方法。

7.6 分类简目

包括以下部分：

a)本级政区词条；

b)政区、开发区、广场、居民点、城镇交通；

c)自然地理实体；

d)交通运输设施；

e)党政机关、民间组织、科教文卫体等事业单位；

f)名胜古迹和纪念地；

g)农业和水利设施；

h)工矿企业；

i)服务业；

j)地域名；

k)简名；

l)旧名；

m)词目索引；

n)词目首字检索表。

7.7 正文

每条词目的内容包括以下部分：

a)标准地名：凡符合《地名管理条例》规定，并经县级以上人民政府或专业主管部门批准的地名为标准地名均应收录。

b)拼写：以中国地名委员会〔84〕中地字第17号文件(《中国地名汉字拼音

字母拼写规则》)的规定为准。

c)释文:释文内容仅包括其他名称、隶属、位置等,一个地理实体的隶属关系,主要是指出其上属行政区域。一个地理实体的具体方位是指出其与上属政区政府驻地的方位和距离。

7.8　音序索引

按标准地名的首字汉语拼音音序排列的索引。

7.9　笔画索引

按标准地名的首字笔画排列的索引。

7.10　图集索引

按照标准地名在标准地名图集上具体位置的索引。

7.11　版权页

遵从出版社惯例。

8　地名采词

8.1　基本要求

根据《第二次全国地名普查工作规程》和 GB/T18521—2001 的规定,分类进行采词,不得随意变更。

8.2　采词细则

8.2.1　政区、居民点、城镇交通类

包括以下部分:

a)行政区域及其他区域:依据《中华人民共和国行政区划简册》和《中华人民共和国乡镇行政区划简册》,应采收各市、县区行政区域名(国家级、自治区级、市级文明单位应特别标注出来),各市、县区行政区域内的行政区域人民政府驻地名,并独立设条。采收的自治区首府应为城市聚落名,即“银川”;地级市人民政府驻地应为该市的某一辖区(不标明街道);县(区、市)人民政府驻地应为该县(区、市)的某一街道(乡、镇);街道办事处、乡(镇)人民政府驻地应为该街道(乡、镇)的某一社区(村)。

b)区片名:指非居住类的城市区域,应采收经多年形成、至今仍在使用的区片名,如兴庆区的大庙。应采收本级行政区域中已形成多年的具有地名意义的大型居民区名，如兴庆区的唐徕小区。应采收经正式批准的国家、自治区、市、县（区、市）管理的开发区名（含工业区、保税区、科技园区、商务区、新区等）。应采收各市、区县中的重要广场。应采收自治区使用的跨省、市、县（区、市）的地域名。应采收 1949 年以来曾使用而现已废置的市、县区的政区名。

c）居民点：应采收各地市、县区重要的住宅区和农村自然村。应采收经住建部和国家文物局等单位批准的“中国历史文化名镇名村”和“中国传统村落”，并做说明。

d）城镇交通：应采收城市道路；应采收城市有轨交通线路名（包括地铁、轻轨、有轨电车等）；应采收城市桥梁、立交桥名和古渡口；应采收城市交通枢纽名；应采收位于城市市区的铁路车站和公路长途汽车站名。

8.2.2　自然地理实体类

包括以下部分：

a）陆地地形类地名：应采收平原、盆地、高原、山地、台地、丘陵、沼泽（湿地）、沙漠等类地名。平原包括走廊，盆地包括谷地，山地包括山脉、山峰、山口、关隘，沙漠包括沙地。黄土丘陵包括塬、峁、岘等。山峰只采收主峰和名峰。洞穴只采收那些尚未开发的。已成为风景名胜点的洞穴，均在名胜古迹部分采收。

b）水系类地名：应采收河流、峡谷、三角洲、湖泊、滩地、陆地岛屿、冰川、瀑布、泉等类地名。河流包括江、河、川、溪、沟、水等，陆地岛屿包括河岛、湖岛、洲、滩涂等。瀑布、泉，只采收那些尚未开发的。已成为风景名胜点的瀑布、泉，均在名胜古迹部分采收。

8.2.3　交通运输设施类

包括以下部分：

a）交通运输设施词条应包括铁路运输、公路运输、民用航空和交通运输附属设施等四类地名。

b）城镇交通运输类地名已列入本录的第一部分的，此处不重复采收。

c）凡公开运营的国有铁路（含高铁、干线、支线和专用线）和地方铁路应全部采收，词目名称写作“××线”。火车站、高铁站全部采收。

d）公路应采收国家干线公路（用编号表示，如“101 国道”）、高速公路（词目名称写作“××高速公路”）和省、市、县。长途汽车站、高速公路服务区全部采收。

e)应采收全部隧道、桥梁;采收中桥、大桥及特大桥、立交桥。包括公路桥隧、铁路桥隧。

f)内河港口应全部采收;码头、船闸、渡口(包括已废弃的渡口)均采收。

g)应采收全部民用航空港。管道运输包括输油管线、输气管线、增压站。

8.2.4　党政机关、民间组织、科教文卫体等事业单位类

包括以下几部分:

a)应采收自治区内乡镇及以上全部党政机关。

b)应采收自治区内区县及以上正式注册登记的全部民间组织。

c)科教文卫体等事业单位词条包括科研单位,教育单位(高等院校、中等专业学校、中小学、幼儿园),文化设施,医疗设施,体育设施和大型建筑六类地名。

d)自治区级应采收自治区内重点的科研单位包括国家级、自治区级、市级、县级科研单位。地市、县区级应收尽收。

e)自治区级应采收自治区内重点的教育单位包括教育部直属的高等院校、自治区属的高等院校,以及中等专业学校和中小学、幼儿园。地市、县区级应收尽收。

f)自治区级应采收自治区内重点的文化设施包括图书馆、博物馆、展览馆、科技馆、文化宫、少年宫、剧场、城市公园、游乐场等文化设施。地市、县区级应收尽收。

g)自治区级应采收自治区内重点的医疗设施包括分级医院、疗养院、卫生院、村(居)医疗卫生服务站。地市、县区级应收尽收。

h)自治区级采收自治区内重点的体育设施包括各级体育场(馆)。地市、县区级应收尽收。

i)应采收自治区内重点的大型建筑包括大型建筑和列入国家、自治区级、市级、县级优秀近现代建筑保护名录的建筑。

8.2.5　名胜古迹和纪念地类

包括以下几部分:

a)包括纪念地、重点文物保护单位、风景名胜区、重要景点和一般名胜古迹、自然保护区五类地名。

b)纪念地包括县级及以上人物纪念地、事件纪念地、宗教纪念地(含陵园、纪

念馆、旧址、故居)。

c)重点文物保护单位应采收经过正式批准的国家、省级、市级、县级文物保护单位以及烈士纪念建筑保护单位;采收墓、碑、塔、亭、楼、殿、阁、门、阙等孤立建筑;采收解放区和革命根据地。

d)风景名胜区采收经过正式批准的国家和省级、市级、县级风景名胜区,其中的重要景点可单独选收。

e)市级、县级应采收一般名胜古迹。

f)自然保护区采收经过正式批准的国家和省级、市级、县级自然保护区,包括森林公园、国家公园、湿地等。

8.2.6 农业和水利设施类

包括以下几部分:

a)农业和水利设施部分的词条包括农场、牧场、林场、渔场,水利枢纽、水库、灌区,渠道、堤防等三类地名。

b)自治区级应市、县区重点农场、牧场、林场、渔场;市、县级应收尽收。

c)自治区级应市、县区水利枢纽、水库、灌区;市、县级应收尽收。

d)自治区级应市、县区重点渠道、堤防,以及单独的闸、坝、排灌站等设施。

8.2.7 工矿企业类

包括以下几部分:

a)采收采矿业、电站(厂)和加工工业等三类地名。其中,采矿业包括煤炭、石油、天然气、黑色金属、有色金属、非金属开采业等,电站(厂)包括水电、火电、风电等,加工工业包括冶金、化工、机械制造、建材、纺织印染、食品、轻工等。冶金又包括黑色冶金和有色冶金,化工又包括酸碱、化肥、医药、化纤、橡胶、塑料、石油加工等,机械制造又包括重型、日用、交通、电器电子、仪器仪表等,建材又包括水泥、玻璃等硅酸盐工业,纺织印染又包括棉、麻、丝、毛等,食品又包括食品、饮料等,轻工又包括缝纫、皮革、造纸、日用品、工艺美术、陶瓷、钟表、自行车等。

b)采收各工业部门中全部企业。

c)采收全部电站、电厂、变电所和输电线路。

8.2.8 服务业类

包括以下几部分:

a)自治区级应采收市、县区重点商场、市场、宾馆、饭店等;市、县级应收尽收。

b)自治区级应采收市、县区重点金融、信息产业及其他新兴服务业企业名;市、县级应收尽收。

9 条目排序

9.1 基本要求

条目编排遵循以下规则:

a)市、地区、县地名以行政区域为单元,条目根据地名代码排列,代码小的排在前面;

b)自然地名以各该自然地理系统为单元;

c)水利电力设施和交通名以所属类型为单元;

d)纪念地名、名胜古迹名主要以所属地、市为单元;

e)地域名按范围和方位排列;

f)简名、旧名按政区级别和时间先后为序。

9.2 排序细则

9.2.1 政区、居民点、城镇交通

9.2.1.1 省、自治区、直辖市词条:应按《中华人民共和国行政区划简册》规定的行政区划代码排列,并列入地域名和旧地名类条目。其中,自治区首府、市,应按行政区划简册的次序排列。自治区市辖区、县级市、县,先分类,同一类中应按行政区划代码排列。

9.2.1.2 街道、镇、乡词条:街道、镇、乡应按《中华人民共和国行政区划简册》规定的行政区划代码排列。

9.2.1.3 群众自治组织、居民点(住宅区、自然村):应按当地习惯排列次序排在所属镇乡之后。

9.2.1.4 地跨两个以上同级行政区域的非政区条目:应排在上一级行政区域条目之后,再排下一级行政区域条目。

9.2.1.5 宅区、社区、街巷条:应排在街道条后,不收驻地条。

9.2.1.6 非行政区域条:应按其位置和规模,插入到不同级别的政区地名中。次序不能任意颠倒,应按照词目排序规则进行排列。

9.2.1.7　并列城市道路或城镇街巷条:应先东至西向(由北向南),后南至北向(由西向东)排序。

9.2.1.8　排序原则

按照表1,应先将街道、镇、乡及非行政区域地名,分别以不同汉语拼音字母表示,并形成词目类别代号,供词目排序后,再依次编制词目排序总表、分表。

表1　词目类别代号

代号	词目类别	代号	词目类别
A	街道(办事处)条	L	城镇街巷条
B	镇条	M	有轨交通线路条
C	乡条	N	城镇桥梁条
D	区片条	O	城市立交桥条
E	开发区条	P	城市交通枢纽条
F	广场条	Q	铁路车站条
G	大型居民区条	R	公路长途汽车站条
H	群众自治组织条	S	居民点(自然村)条
I	地域名条	T	居民点(住宅区)条
J	旧地名条	U	社区条
K	省会(首府)条	Z	城市道路条

9.2.1.9　词目排序总表

除自治区条外,应只列出市条、市辖区条、县级市条、县条四类词目。最后,列出地域名条和旧地名条,见表2。

表2　词目排序总表

序号	词目名称	类别	行政区划代码	备注
640000	宁夏回族自治区	省条		
640000—Z01	银川	首府条		
640100	银川市	地级市条		
		……		
640200	石嘴山市	地级市条		
640202	大武口区	市辖区条		
		……		
640381	青铜峡市	县级市条		
		……		

续表

序号	词目名称	类别	行政区划代码	备注
640423	隆德县	县条		
		……		
	×××	地级市条		
		……		
640000—T01	×××	地域名条		
		……		
640000—U01	×××	旧地名条		
		……		

9.2.1.10　市词目排序分表

在表3中，市条后面，应先排跨区地名，依次为区片条、城市道路条和有轨交通线路条，最后排市人民政府驻地条(区条)。

表3　市词目排序分表

序号	词目名称	类别	行政区划代码	备注
640100	银川市	地级市条		
640100—D01	×××	区片条		跨区地名
		……		
640100—K01	×××	城市道路条		跨区地名
		……		
640100—M01	×××	有轨交通线路条		跨区地名
		……		
	××区	市人民政府驻地条		区条

9.2.1.11　市辖区词目排序分表

在表4中，市辖区条后面，应先排区境和跨街道的词目，依次为：开发区、广场、大型居民区、城镇街巷、城镇桥梁、城市立交桥、城市交通枢纽、铁路车站、公路长途汽车站条。然后排街道条，区驻地街道排第一个。街道后面排本街道属地的居民点(住宅区)条、社区条和城镇街巷条。街道条排完后排镇条，包括镇属地的城镇街巷条和居民点(自然村)条，镇人民政府驻地(自然村)排在3个居民点之首。镇条排完后排乡条，包括乡属地的居民点(自然村)条，乡人民政府驻地(自然村)排在3个居民点之首。

表4　市辖区词目排序分表

序号	词目名称	类别	行政区划代码	备注
640104	兴庆区	市辖区条		
640104—E01	×××	开发区条		区境
640104—F01	×××	广场条		区境
640104—G01	×××	大型居民区条		跨街道
		……		
640104—L01	×××	城镇街巷条		跨街道
		……		
640104—N01	×××	城镇桥梁条		区境
640104—P01	×××	城市立交桥条		区境
6401043—Q01	×××	城市交通枢纽条		区境
640104—R01	×××	铁路车站条		区境
640104—S01	×××	公路长途汽车站条		区境
6401043—A01	××街道	区人民政府驻地条		街道(办事处)
640104—A01—I01	×××	居民点(住宅区条)		
640104—A01—J01	×××	社区条		
640104—A01—L01	×××	城镇街巷条		
		……		
640104—A02	××街道	街道条		
		……		
640104—B01	××镇	镇条		
640104—B01—L01	×××	城镇街巷条		
640104—B01—H01	×××	镇人民政府驻地		居民点(自然村)
640104—B01—H02	×××	居民点(自然村)条		
640104—B01—H03	×××	×××		
640104—B02	××镇	镇条		
		……		
640104—C01	××乡	乡条		
640104—C01—H01	×××	乡人民政府驻地条		居民点(自然村)
640104—C01—H02	×××	居民点(自然村)条		
640104—C01—H03	×××	×××		
640104—C02	××乡	乡条		
		……		

9.2.1.12　县级市词目排序分表

在表5中，县级市条后面，应先排市境和跨街道的词目，依次为：开发区、广场、大型居民区、城镇街巷、城镇桥梁、城市立交桥、城市交通枢纽、铁路车站、公路长途汽车站条。然后排街道条，市驻地街道排第一个。街道后面排本街道属地的居民点（住宅区）条、社区条和城镇街巷条。街道条排完后排镇条，包括镇属地的城镇街巷条和居民点（自然村）条，镇人民政府驻地（自然村）排在3个居民点之首。镇条排完后排乡条，包括乡属地的居民点（自然村）条，乡人民政府驻地（自然村）排在3个居民点之首。

表5　词目排序分表——县级市

序号	词目名称	类别	行政区划代码	备注
640381	青铜峡市	县级市条		
640381—E01	×××	开发区条		市境
640381—F01	×××	广场条		市境
640381—G01	×××	大型居民区条		跨街道
		……		
640381—L01	×××	城镇街巷条		跨街道
		……		
640381—N01	×××	城镇桥梁条		市境
640381—P01	×××	城市立交桥条		市境
640381—Q01	×××	城市交通枢纽条		市境
640381—R01	×××	铁路车站条		市境
640381—S01	×××	公路长途汽车站条		市境
640381—A01	××街道	市人民政府驻地条		街道（办事处）
640381—A01—I01	×××	居民点（住宅区）条		
640381—A01—J01	×××	社区条		
640381—A01—L01	×××	城镇街巷条		
		……		
640381—A02	××街道	街道条		
		……		
640381—B01	××镇	镇条		
640381—B01—L01	×××	城镇街巷条		
640381—B01—H01	×××	镇人民政府驻地条		居民点（自然村）
640381—B01—H02	×××	居民点（自然村）条		
640381—B01—H03	×××	居民点（自然村）条		
640381—B02	××镇	镇条		
		……		
640381—C01	××乡	乡条		
640381—C01—H01	×××	乡人民政府驻地条		居民点（自然村）
640381—C01—H02	×××	居民点（自然村）条		

续表

序号	词目名称	类别	行政区划代码	备注
640381—C01—H03	×××	居民点(自然村)条		
640381—C02	××乡	乡条		
		……		

9.2.1.13　县词目排序分表

在表6中，县条后面，应先排县境的词目，依次为：城镇桥梁、铁路车站、公路长途汽车站条。然后排街道条，县驻地街道排第一个。排镇条，包括镇属地的城镇街巷条和居民点(自然村)条，镇人民政府驻地(自然村)排在3个居民点之首。镇条排完后排乡条，包括乡属地的居民点(自然村)条，乡人民政府驻地(自然村)排在3个居民点之首。

表6　词目排序分表——县

序号	词目名称	类别	行政区划代码	备注
640423	隆德县	县条		
640423—N01	×××	城镇桥梁条		县境
640423—R01	×××	铁路车站条		县境
640423—S01	×××	公路长途汽车站条		县境
640423—A01	××街道	县人民政府驻地条		街道(办事处)
640423—A01—I01	×××	住宅区条		
640423—A01—J01	×××	社区条		
640423—A01—L01	×××	城镇街巷条		
		……		
640423—A02	××街道	街道条		
		……		
640423—B01	××镇	镇条		
640423—B01—L01	×××	城镇街巷条		
640423—B01—H01	×××	镇人民政府驻地条		居民点(自然村)
640423—B01—H02	×××	居民点(自然村)条		
640423—B01—H03	×××	居民点(自然村)条		
640423—B02	××镇	镇条		
		……		
640423—C01	××乡	乡条		
640423—C01—H01	×××	乡人民政府驻地条		居民点(自然村)
640423—C01—H02	×××	居民点(自然村)条		
640423—C01—H03	×××	居民点(自然村)条		

续表

序号	词目名称	类别	行政区划代码	备注
640423—C02	××乡	乡条		
		……		

9.2.1.14　词目排序总表与分表编制次序

应先按词目排序分表要求把词目次序排好并编好序号，最后按词目排序总表要求的次序统排。为避免差错和编排索引、填写页码的便利，每一个词条均有一个代号（即表中的序号，由数字加拼音符号组成，最少6位，最多12位）。词条代号在词目表和释文上应同时出现，同一词条在这两处的代号必须完全一致。

9.2.2　自然地理实体词目

遵循以下规则：

a）自然地理实体按陆地地形、水系两大类别排序；

b）对每个大类内部的中类、小类词条，按照采词规则中的次序排列；

c）对处在同一中类或同一小类中的词条，先排跨省份条目，再按所在政区行政区划代码的先后顺序排列同一省份条目；

d）陆地地形、水系两大类别的分类标题和每个大类内部之中类、小类的分类标题，均需在词目表中标明；

e）排序规则举例：22水系，依次为A河流（a外流河、b内陆河）、B峡谷、C三角洲、D湖泊（a淡水湖、b咸水湖）、E陆地岛屿（a河岛、b湖岛）、F洲和滩、G冰川、H瀑布、I泉；

f）词条序号样例，22—A—a001，即水系—河流—外流河001条。

9.2.3　交通运输设施词目

遵循以下规则：

a）交通运输设施类分为11个中类；

b）每个中类及下属小类词条，应按照采词规则中的次序排列；

c）处在同一中类或同一小类中的词条，应按词条所在政区行政区划代码的先后顺序排列；

d）中类和小类的分类标题，应在词目表中标明；

e）排序规则举例：30交通运输设施，依次为A铁路（a高铁、b国有铁路、c地方铁路）、B公路（a高速、b国道、c省道）、C车站（a铁路、b长途汽车）、D桥梁

(a 公路桥、b 铁路桥、c 公铁两用桥)、E 隧道、F 港口(a 海港、b 河港)、G 码头(a 海运、b 河运)、H 船闸、I 渡口、J 灯塔、K 航空港;

f)词条序号样例,30—A—a001,即交通运输设施—铁路—高铁 001 条。

9.2.4 党政机关、民间组织、科教文卫体等事业单位词目

遵循以下规则:

a)党政机关、民间组织、科教文卫体等事业单位类分为 8 个中类;

b)每个中类及下属小类词条,应按照采词规则中的次序排列;

c)处在同一中类或同一小类中的词条,应按词条所在政区行政区划代码的先后顺序排列;

d)中类和小类的分类标题,应在词目表中标明;

e)排序规则举例:40 党政机关、民间组织、科教文卫体等事业单位,依次为 A 党政机关(a 国家级、b 自治区级、c 市级、d 县级)、B 民间组织(a 国家级、b 自治区级、c 市级、d 县级)、C 科研单位(a 国家级、b 自治区级、c 市级、d 县级)、D 教育单位(a 高等院校、b 中等专业学校、c 中小学、幼儿园)、E 文化设施(a 国家级、b 自治区级、c 市级、d 县级)、F 医疗设施(a 国家级、b 自治区级、c 市级、d 县级)、G 体育设施(a 国家级、b 自治区级、c 市级、d 县级)、H 城市大型建筑和优秀近现代建筑;

f)词条序号样例,40—C—a001,即党政机关、民间组织、科教文卫体等事业单位—科研单位—国家级 001 条。

9.2.5 名胜古迹和纪念地词目

排序遵循以下规则:

a)名胜古迹和纪念地类分为 5 个中类;

b)每个中类及下属小类词条,应按照采词规则中的次序排列;

c)处在同一中类或同一小类中的词条,应按词条所在政区行政区划代码的先后顺序排列;

d)中类和小类的分类标题,应在词目表中标明;

e)排序规则举例:50 名胜古迹和纪念地,依次为 A 纪念地(a 国家级、b 省级)、B 重点文物保护单位(a 国家级、b 省级)、C 风景名胜区(a 国家级、b 省级)、D 重要景点和一般名胜古迹(a 国家级、b 省级)、E 自然保护区(a 国家级、b 省级);

f)词条序号样例,50—A—a001,即名胜古迹和纪念地—纪念地—国家级001条。

9.2.6 农业和水利设施词目

遵循以下规则:

a)农业和水利设施类分为7个中类;

b)每个中类及下属小类词条,应按照采词规则中的次序排列;

c)处在同一中类或同一小类中的词条,应按词条所在政区行政区划代码的先后顺序排列;

d)中类和小类的分类标题,应在词目表中标明;

e)排序规则举例:60农业和水利设施,依次为A农场、B牧场、C林场、D渔场、E水利枢纽、F水库与灌区、G渠道与堤防(海塘);

f)词条序号样例,60—A001,即农业和水利设施—农场001条。

9.2.7 工矿企业词目

遵循以下规则:

a)工矿企业类分为3个中类;

b)每个中类及下属小类词条,应按照采词规则中的次序排列;

c)处在同一中类或同一小类中的词条,应按词条所在政区行政区划代码的先后顺序排列;

d)中类和小类的分类标题,应在词目表中标明;

e)排序规则举例:70工矿企业,依次为A采矿业(a煤炭、b石油、天然气、c黑色金属、d有色金属、e非金属)、B电站(厂)(a水电、b火电、c风电)、C加工工业(a冶金:黑色冶金和有色冶金,b化工:酸碱、化肥、医药、化纤、橡胶、塑料、石油加工,c机械制造:重型、日用、交通、电器电子、仪器仪表,d建材:水泥、玻璃,e纺织印染:棉、麻、丝、毛,f食品:食品、饮料,g轻工:缝纫、皮革、造纸、日用品、工艺美术、陶瓷、钟表、自行车);

f)词条序号样例,70—A—a001,即工矿企业—采矿业—煤炭001条。

9.2.8 服务业词目

遵循以下规则:

a)服务业类分为5个中类;

b)每个中类及下属小类词条,应按照采词规则中的次序排列;

c)处在同一中类或同一小类中的词条,应按词条所在政区行政区划代码的先后顺序排列;

d)中类和小类的分类标题,应在词目表中标明;

e)排序规则举例:80 服务业,依次为 A 商场、B 市场、C 宾馆、D 信息产业、E 其他新兴服务业;

f)词条序号样例,80—A001,即服务业—商场 001 条。

10 释文撰写

10.1 基本要求

要求如下:

a)释文内容应以稳定的地名信息为主,包括名称的汉字书写,特殊的字形、发音,以及雅称、别名等;

b)地理位置要写四邻;

c)凡由国家、自治区批准、公布的历史文化名城、古都、名村、名镇、经济特区等,均应在释文中写明,并注明批准年份;

d)公路国道一律以线路编号为标准名称,如“321 国道”;省道不能写省内线路编号,用全称或简称表示均可(按自治区交通厅意见处理)。居民点的交通信息,统一表述为“高速公路”“公路”“简易公路”,其他大车路、机耕路、土路等名称,不作表述;

e)除国家规定的必须用汉字书写的数字(如清光绪三十二年、五年计划、七八个)外,其他数字均应用阿拉伯数字表示;

f)应按国家规定的标准汉字、标点符号、数字用法、汉语拼音、少数民族语音音译转写等使用方法使用;

g)在文字表述上务求精练,简明扼要,不用文言文,避免口语化(如塞上江南是塞北江南的口语化)。

10.2 撰写细则

10.2.1 政区、居民点、城镇交通

应符合以下规定:

a)撰写内容依次为规范汉字、汉语拼音、简称、别名、位置(含四邻)、辖区(所辖街道、镇、乡只写数量不写名称),驻地(镇或街道)等;

b)各级人民政府驻地条,内容依次包括规范汉字、汉语拼音、简称、别名、归属、位置等。

c)行政单位条,内容依次包括规范汉字、规范汉语拼音、别名、归属、位置等;

d)街道、镇,内容依次包括规范汉字、汉语拼音、归属、位置(在县级市或县境的某方位);

e)居民委员会、村民委员会条,内容依次包括规范汉字、汉语拼音、归属、位置(在县级及街道、镇、乡的某方位)等;

f)居民点(自然村)条,内容依次包括规范汉字、汉语拼音、位置(在县驻地××镇××方向××千米,直线距离),归属等;

g)城市区片条,指非居住类的城市区域,内容依次包括规范汉字、汉语拼音、范围(泛指某一无明显边界的地区)等;

h)大型居民区条,内容依次包括规范汉字、汉语拼音、位置等;

i)住宅区条,内容依次包括规范汉字、汉语拼音、位置等;

j)开发区、工业区、保税区、商务区、科技园区等条,内容依次包括规范汉字、汉语拼音、位置等;

k)城镇广场条,内容依次包括规范汉字、汉语拼音、位置等;

l)城市道路条、城镇街巷条,内容依次包括规范汉字、汉语拼音、位置(跨区街路写在市区的部位,区内街路写在本区的部位),起讫点(与××路、街相接,一般不写建筑物名称)等;

m)城镇桥梁、城市立交桥条,内容依次包括规范汉字、汉语拼音、位置等;

n)城市交通枢纽条,内容依次包括规范汉字、汉语拼音、位置、规模等;

o)地域名条,内容依次包括规范汉字、汉语拼音、位置、范围等;

p)旧地名条,内容依次包括规范汉字、汉语拼音、隶属关系、位置等。

10.2.2 自然地理实体

应符合以下规定:

a)平原(走廊)、盆地、谷地、高原条,内容依次包括规范汉字、汉语拼音、位置(要写明四邻)等;

b)山地、丘陵条,内容依次包括规范汉字、汉语拼音、位置、走向等;

c)山峰(包括主峰与名峰)条,内容依次包括规范汉字、汉语拼音、所属、位置等;

d)山口、关隘条,内容依次包括规范汉字、汉语拼音、位置等;

e)沼泽条,内容依次包括规范汉字、汉语拼音、位置等;

f)沙漠、戈壁、沙地条,内容依次包括规范汉字、汉语拼音、位置(要写明四邻)等;

g)洞穴条,内容依次包括规范汉字、汉语拼音、位置等;

h)河流条,内容依次包括规范汉字、汉语拼音、位置等;

i)峡谷条,内容依次包括规范汉字、汉语拼音、位置等;

j)三角洲条,内容依次包括规范汉字、汉语拼音、位置等;

k)湖泊条,内容依次包括规范汉字、汉语拼音、位置等;

l)河岛、湖岛、洲、滩条,内容依次包括规范汉字、汉语拼音、位置等;

m)瀑布、泉条,内容依次包括规范汉字、汉语拼音、位置等。

10.2.3　交通运输设施

应符合以下规定:

a)铁路条,内容依次包括规范汉字、汉语拼音、位置等;

b)公路条,内容依次包括规范汉字、汉语拼音、位置等;

c)车站条,内容依次包括规范汉字、汉语拼音、位置等;

d)桥梁条,内容依次包括规范汉字、汉语拼音、位置等;

e)隧道条,内容依次包括规范汉字、汉语拼音、位置等;

f)船闸条,内容依次包括规范汉字、汉语拼音、位置(所在省市、所在河流);

g)渡口条,内容依次包括规范汉字、汉语拼音、位置等;

h)航空港条,内容依次包括规范汉字、汉语拼音、位置(包括距城区某部的距离)等。

10.2.4　国家机关、社会组织、科教文卫体等事业单位

国家机关、社会组织、科研单位、教育单位、文化设施、医疗设施、体育设施、城市大型建筑和优秀近现代建筑条,内容依次包括规范汉字、汉语拼音、位置等。

10.2.5　名胜古迹和纪念地

应符合以下规定：

a)纪念地、重点文物保护单位条，内容依次包括规范汉字、汉语拼音、位置等。需要注意，绝大多数清真寺不是纪念地，可列在建筑物中。

b)风景名胜区条，内容依次包括规范汉字、汉语拼音、位置等。

c)重要景点和一般名胜古迹条，内容依次包括规范汉字、汉语拼音、位置等。

d)自然保护区条，内容依次包括规范汉字、汉语拼音、位置等。

10.2.6　农业和水利设施

应符合以下规定：

a)农场、牧场、林场、渔场条，内容依次包括规范汉字、汉语拼音、归属、位置等；

b)水利枢纽、水库、灌区条，内容依次包括规范汉字、汉语拼音、位置等；

c)渠道、堤防(海塘)条，内容依次包括规范汉字、汉语拼音、位置等。

10.2.7　工矿企业

应符合以下规定：

a)采矿业、电站(厂)条，内容依次包括规范汉字、汉语拼音、位置等；

b)加工工业条，内容依次包括规范汉字、规范汉语拼音、位置等。

10.2.8　服务业

应符合以下规定：

a)商场、市场、宾馆(饭店)条，内容依次包括规范汉字、汉语拼音、位置等；

b)信息产业及其他新兴服务业条，内容依次包括规范汉字、汉语拼音、位置等。

10.3　注意事项

注意事项如下：

a)文字要概括，条理要清晰。

b)面积的计量单位必须规范、统一，且各种单位一律以汉字书写。

c)公路国道一律以线路编号为标准名称，如“321 国道”。省道不能写省内线路编号，用全称或简称表示均可。居民点(自然村)的公路交通信息，统一表述为“高速公路”“公路”“简易公路”。

d)除国家规定的必须用汉字书写的数字(如清光绪三十二年、五年计划、七八个)外,其他数字均应用阿拉伯数字表示。

e)必须按国家规定的标准汉字、标点符号、数字用法、计量单位、汉语拼音、少数民族语音音译转写等使用方法使用。

f)在文字表述上务求精练,简明扼要,不用文言文,也避免口语化,更不能用网络语言。

11 关键环节

11.1 制定凡例

凡例规定了地名录的原则性问题,如指导思想、框架结构、编写原则、方法、体裁、断限等。一经列入凡例要求,必须严格遵循,以保证整部地名录体例严谨。凡例也可在统稿、总纂之前,基于实际情况,对凡例再作修订。

11.2 统一行文规范

结构、层次、名称、数字用法、计量单位、书写款式、图表要求、字体、标点等应高度一致。

11.2.1 文体文风

语言风格应简约、准确、通俗。

11.2.2 计量单位

全书计量单位按照 GB 3100—1993、GB/T 3101—1993 和 GB/T 3102.1—1993 的规定执行。

11.2.3 数字用法

数字用法按照 GB/T 15835—2011 的规定执行。

11.2.4 标点符号

标点符号按照 GB/T 15834—2011 的规定执行。

11.2.5 插配图

地名录中应分别插入彩色自治区、市级政区图各 1 幅,县级地图 3 幅(政区图、地形图、交通图),街道、乡镇图为黑白图,由编辑部统一组织清绘。

每幅图应有图题,置于图下方的居中位置。图与其图题不得拆开排写于两页,插图处的该页空白不够排写该图整体时,可将其后文字部分提前排写,将图移至次页最前面。

11.3　调整篇目

应制定全面、系统、合理的篇目，对地名录的宏观结构进行设计。编纂工作之初，可制定出收集资料的篇目提纲。资料收集完毕，应修改成指导编写的篇目。初稿完成，主编要在通览全稿的基础上，再次推敲其结构是否科学合理，领属是否得当，如有不当之处，应进行调整，形成定稿的篇目。

11.4　订正、核实、补充资料

地名录进入总纂阶段，主编要组织力量订正、核实、补充资料。对于录自古籍书刊的资料，要核对原书；为保证资料的可靠性，可请当事人和有关专家审稿。

标准地名词典编纂规范

DB 64/ T 1676—2019

（宁夏回族自治区市场监督管理厅 2019－12－05 发布，2020－02－05 实施）

前　言

本标准按照 GB/T 1. 1—2009 给出的规则起草。

本标准由宁夏回族自治区民政厅提出并归口。

本标准由宁夏回族自治区民政厅组织实施。

本标准主要起草单位：宁夏地名学会、中国地名研究所、隆德县民政局、南京师范大学、南京大峡谷信息科技有限公司。

本标准主要起草人：王胜三、刘连安、张清华、吴坚、吴忠礼、张雪英、刘万银、张春玲。

标准地名词典编纂规范

1　范围

本标准规定了标准地名词典编纂的方法步骤、外观设计、内部设计、全书主体和关键环节及要求。

本标准适用于宁夏回族自治区标准地名词典的组织、编写、出版工作。

2　规范性引用文件

下列文件对于本文件的应用是必不可少的。凡是注日期的引用文件，仅注日期的版本适用于本文件。凡是不注日期的引用文件，其最新版本（包括所有的

修改单)适用于本文件。

GB 3100—1993　国际单位制及其应用

GB/T 3101—1993　有关量、单位和符号的一般原则

GB/T 3102.1—1993　空间和时间的量和单位

GB/T 15834—2011　标点符号用法

GB/T 15835—2011　出版物上数字用法

3　方法步骤

3.1　成立编纂机构

民政部门牵头成立标准地名词典编纂委员会,负责整个编纂工作。编委会内容包含主任、副主任、主编、副主编、编纂委员等信息。主要成员:主任1人,由同级分管地名工作的领导担任;副主任2至3人,由同级民政部门负责人担任。下设编纂部,设主任、主编、副主编各1人,编纂人员3至5人。

3.2　初稿撰写

由主编制定编纂体例及纲目,组织分工撰写初稿。

3.3　统稿

由主编(或副主编)在初稿基础上进行统稿。

3.4　审稿

由编纂委员会组织召开会议,认真听取相关部门及专家的意见,形成审稿意见。

3.5　终审定稿

由主编根据审稿意见进行修改,送编纂委员会终审定稿,达到“齐、清、定”的出版要求。

4　外观设计

4.1　封面

4.1.1　标准地名词典封面内容由词典名称——《×××标准地名词典》,分册名称(词典根据篇幅大小可设置若干分册,并按先后顺序命名为“第一卷”“第二卷”……),著者、编者信息和出版者名称构成,版式设计要求庄重美观,其规格

见附录 A 图 A.1。

4.1.2 封面字体及大小要求如下：

a)“×××标准地名词典”黑体 22pt，黑色；

b)“第×卷”黑体 18pt，黑色；

c)“××× 编”“××× 主编”微软雅黑 14pt，黑色；

d)“×××出版社”微软雅黑 14pt，黑色。

4.1.3 颜色要求如下：

a)填充底色：橙色，强调文字颜色 6，淡色 80%；

b)突出部分：渐变，角部辐射。

4.2 封底

4.2.1 封底内容由词典名称汉语拼写（大写）、国际标准书号（ISBN）、定价构成，页面布局与规格见附录 A 图 A.2。

4.2.2 字体及大小要求如下：

a)标准地名词典的罗马字母拼写为黑体 16pt，黑色；

b)“ISBN××××××”微软雅黑 14pt，黑色；

c)“定 价：×××.00 元”微软雅黑 14pt，黑色。

4.2.3 颜色要求如下：

a)填充底色：橙色，强调文字颜色 6，淡色 80%；

b)突出部分：渐变，角部辐射。

4.3 书脊

4.3.1 词典书脊内容由词典名称、分册名称、出版者名称构成，页面布局与规格见附录 A 图 A.3。

4.3.2 字体及大小要求如下：

a)行政区域专名为黑体 20pt，黑色；

b)“行政区域通名+标准地名词典”为黑体 18pt，黑色；

c)“第×卷”为微软雅黑 14pt，黑色；

d)“××出版社”为华文隶书 14pt，黑色。

4.3.3 颜色要求如下：

a)填充底色：橙色，强调文字颜色 6，淡色 80%。

b)突出部分:渐变,角部辐射。

注:以上外观样式仅供参考,后期可根据美编要求,增加图片或其他美化元素。

5　内部设计

5.1　地名简图

在词典中,政区与居民点地名部分,各省、市、县、乡释文前,应附有相应的政区地名简图一幅,图面注记以政区地名为主,亦包括少量的自然实体和交通类重要地名。乡级政区地名简图、释文仅用于地市、乡级标准地名词典。

5.2　照片

筛选部分具有代表性、标志性的地理实体彩色照片,并配以照片名称。所用图片必须注重版权,宜采用自拍照片,确保图幅分辨率满足影印要求。一页排版4张照片,页面应清晰明了。

5.3　编委会

编委会、编辑部人名排列,应以姓氏笔画为序。

5.4　前言

前言内容一般包括:

a)编纂词典的背景与意义;

b)新编词典的特点;

c)编纂词典的过程;

d)编纂词典的重点难点;

e)不足与祈望。

5.5　凡例

凡例的内容,大致可分为两个部分:

a)通例即全书的纲领、结构和所有编纂人员必须共同遵循的原则,如断限、详略、行文要求及其他全书必须整齐划一的重要问题;

b)特例即一些特殊问题的处理原则和方法。

5.6　音序索引

应按标准地名的首字汉语拼音音序排列的索引。

5.7 笔画索引

应按标准地名的首字笔画排列的索引。

5.8 版权页

应遵从出版社惯例。

6 全书主体(即正文)

6.1 全书主体的地名词条组成

应采用纲目结构:将地名归分10类;每个地名为一个词目,各有释文。即以类为纲,以词为目。

6.2 地名归类及编排

6.2.1 地名归类如下:

a)政区及居民点;

b)自然地理实体;

c)建筑物及城市公用设施;

d)交通运输设施;

e)科教文卫体等事业单位;

f)名胜古迹和纪念地;

g)农业和水利设施;

h)工矿企业;

i)服务业;

j)历史地名。

6.2.2 编排与字号

10类地名在书稿中另页排列,用二号宋体字,不写“第×类”。

6.2.3 特殊归类说明

不属任何单位、企事业单位而属公用的建筑物、城市基础设施。如街巷、广场、大型雕塑、审批中心等。寺庙,其性质为“宗教活动场所”。民国以来建成的各种寺庙宜归入建筑物,但清代以前的古寺庙,宜列入第六类“名胜古迹”中。

6.3 词目

6.3.1 单个标准地名作为独立词目

排在前的汉字应为标准地名全称，并依据《中国地名汉字拼音字母拼写规则(汉语地名部分)》(中国地名委员会文件〔84〕中地字第17号)扩注汉语拼音。

6.3.2 字体

应用五号宋体加粗，空一个汉字位置接排释文。

6.4 采词规则

6.4.1 政区及居民点

6.4.1.1 行政区域：街道、乡镇及以上全部采收。

6.4.1.2 社区、行政村地名：经批准的“中国历史文化名村”“中国传统村落”，自治区级词典应全部采收。市级词典，应扩收个别文化厚重及有其他特色的；县级词典应全收。

6.4.1.3 居民点(城市居民小区及自然村)：自治区级词典应采收集中居住户数在500户以上的；市级词典应采收住户控制在300户左右的；县级词典应全收。

6.4.1.4 片区：经国务院、自治区人民政府、市级人民政府批准的各类开发区、经济区、产业园区、保税区，自治区级词典应全部采收。市级、县级词典应采收本级人民政府批准及以上的各类开发区、经济区、产业园区。

6.4.2 自然地理实体

采词规则如下：

a)陆地地形应采收平原、盆地、高原、山地、丘陵、沼泽、台地、沙地等类地名。其中：山地包括山脉、山峰(只采收主峰和名峰)、山口、关隘、沟谷。

b)水系地名应采收河流、峡谷、湖泊、河滩、著名井泉等。其中：自治区词典应采收河流长度在20千米以上的，湖泊应采收面积100亩水面以上的(山区各县50亩以上)；市级、县级词典可适度增加。

6.4.3 城市公用设施及建筑物

采词规则如下：

a)包括城市道路街巷(城市主干道、次干道、老街巷、桥梁)；

b)广场、园林；

c）大型雕塑；综合性政务大厅、市民大厅、审批中心；

d）宗教活动场所有代表性的宗教寺庙（单列为地名条目的，市级志不超过10座，县级志不超过5座）；

e）县级志书可设计一张寺庙分布统计表，将各乡镇经批准开放的佛寺、清真寺、道观座数予以反映；

f）公交车线路、车站、停车场：自治区级词典一律不收，市级、县级词典可适度增加。

6.4.4　交通运输

采词规则如下：

a）公开运营的国有铁路（含干线、支线、地方铁路、专用线）应全部采收。

b）公路，自治区级词典采收国家干线公路（用编号表示，如“101国道”）、高速公路（词目名称写作“××高速公路”）和主要省道，市级词典可放宽至县乡公路，县级词典采收至村路。

c）桥梁，包括公路桥和铁路桥；特大桥（桥长≥500米，或有一孔跨径≥100米）、大桥（桥长500米至100米，或有一孔跨径40米至100米）、高速公路立交桥全收，市级词典可放宽至中桥（桥长100米至30米，或有一孔跨径20米至40米），县级词典全收。个别历史早的名桥可突破以上界限，如青铜峡铁路便桥。长度在100米以上的隧道全收及其他有特色的隧道（长度不足100米）。

d）民用机场全收。

e）火车站、列车编组站全收。

f）长途汽车站，自治区级词典收至县级车站，市级词典收至乡级汽车站，县级词典收至村级汽车站。

g）高速公路服务区全收。

h）渡口采收正在使用的及个别有地名意义的废弃渡口。

i）公路涵洞、市内交通运输类地名、内河航道、民用航空线、管道类地名，自治区级词典一律不采收，市级、县级可适当采收。

6.4.5　科教文卫体等事业单位

应采收科研单位，教育单位（高等院校、中等专业学校、中小学、当地知名幼儿园），文化设施，医疗养老设施（医院、疗养院、福利院、养老院），体育场馆、图书馆、博物馆(常年对外开放的)、展览馆、科技馆、文化宫、少年宫、电影院、剧场、游乐场等事业单位,包括少数私立医院,民办学校、幼儿园及影院。

6.4.6 名胜古迹和纪念地

应采收纪念地(人物纪念地、事件纪念地、陵园、纪念馆、旧址、故居);全国重点文物保护单位、省级文物保护单位,县级词典采收至市县级文物保护单位;风景名胜区、重要景点;国家和省级自然保护区(包括森林公园、国家公园、湿地等)。一般古迹遗址酌情采收。未批准为文物保护单位的寺庙、墓、碑、塔、亭、楼、殿、阁、门、阙等,自治区级词典不收孤立建筑。解放区和革命根据地,自治区级词典不收。

6.4.7 农业和水利设施

应采收农场、牧场、林场、渔场、原种场、良种繁殖场,大型农业园区、蔬菜基地、花卉基地、养殖基地;水利枢纽、水库、灌区;主干渠、重要支渠、扬黄灌溉工程;排水干沟、支沟;防洪堤。斗渠、毛渠、小排水沟、小型闸坝、小型电排灌站等,自治区级词典不收。

6.4.8 工矿企业

包括煤炭、石油、天然气、金属、非金属采矿业;电站电厂(含水电、火电、风电、光电);加工工业;冶金工业;石油加工;机械制造业;建材工业;食品工业;轻工业。自治区级词典只采收以上各业中的中型规模以上企业。县级词典可适当采收本地知名工矿企业。自治区级词典不收变电所和输电线路。

6.4.9 服务业

应采收具有地名意义的大型市场、商场、商城,三星级及以上宾馆、饭店(含未参评、但具有同等水平的著名宾馆、饭店),老字号及餐饮名店、物流企业。采收具有地名意义的大型的、知名的信息产业及其他新兴服务业企业名。县级词典可适当放宽,但不具地名意义、经营业主经常变化的不采收。

6.4.10 历史地名

应采收废弃不用的古地名、老地名,包括历代使用过的州、郡、县等建置地名,镇、城、寨、堡等聚落地名,区域性地名,街、市、坊、店名,山、川、湖等自然地理名,长城、烽墩、关城、驿、递、渠等人工构造物地名。应注意收录宁夏明代在防御、移民过程中被遗弃的地名。如跃进、东风、红卫、要武、战斗之类的地名,一般不予采收,但县级词典可适当采收。

6.5 词条排序规则

6.5.1 政区类

排序如下:

a)先自治区级,按地级市、市辖区、县级市、县排列;

b)街道办事处、乡镇,应按隶属关系排在区(或市、县)之下,属上级政府驻地者列第一位,其后按行政区划代码顺序排列;

c)居民点,应按隶属关系排在街道办事处、乡镇之下,靠近办事处(或乡镇政府驻地)的列第一位,其他顺序从习惯,也可按住户多少排序;

d)片区,应列到所在行政区域的政区地名最后,各类园区按批准单位级别排序。

6.5.2 自然地理实体类

陆地地形,应按平原、盆地、谷地、高原、山地、山峰、山口、关隘、丘陵、台地、沙地排序。水系地名按河流、湖泊(多个按面积和知名度排序)、河滩、著名井泉排序。其中河流将黄河排首位,以下按一级支流、二级支流、三级支流排序。内陆河按长度排序。峡谷排在所处河流之后。

6.5.3 城市公用设施及建筑物

排序如下:

a)道路街巷,应按城市主干道(中轴线排第一位)、次干道、老街道、老巷、大型桥梁排列;

b)广场、园林、大型雕塑,各自按知名度大小排列;

c)公共服务设施,顺序应为综合性政务大厅、市民大厅、审批中心,其他;

d)宗教活动场所,应按清真寺、佛寺、道观、教堂排序。

6.5.4 交通运输设施

排序如下:

a)铁路:应按高铁、国家干线铁路、支线铁路、地方铁路、城际铁路、铁路支线、铁路专用线排序。

b)公路:应按高速、国道、省道、县乡道排序。每级按线路编号由小到大排序。

c)机场:应先列国际机场,再列国内机场、通用机场。

d)桥梁:公路桥,应按特大桥、大桥、中桥、小桥排序。特大桥、大桥,应先列黄河桥,再列其他。中桥因数量多,应按所在公路顺序分列。铁路桥只列跨黄河的大桥,因数量少,不存在顺序问题。

e)车站:长途汽车站,应按车站规模排序。火车站,应按包兰铁路、中宝铁路、太中银铁路、平汝支线、大古铁路分列,内部应按规模大小排序。

f)隧道:先公路后铁路,应按隧道长度排序。

g)高速公路服务区,应按所在公路编号顺序排序。

6.5.5 科教文卫体

应按科研单位,教育单位(高等院校、中等专业学校、中小学、当地知名幼儿园),文化设施,医院养老(按等级排列),体育场馆、图书馆、博物馆(常年对外开放的)、展览馆、科技馆、文化宫、少年宫、电影院、剧场、游乐场等顺序排。

6.5.6 名胜古迹和纪念地

排序如下:

a)应按全国重点文物保护单位、省级文物保护单位、市县级文物保护单位、一般古迹遗址等顺序排。同级单位有多个,应按历史朝代顺序排。

b)纪念地,应按事件纪念地、陵园、纪念馆、旧址、故居排序。

c)风景名胜区、重要景点,应按景区级别排序。未定级别的,按知名度排序。

d)自然保护区,应先排国家级,再排省级保护区。同级之内,应按保护区面积大小排序。

6.5.7 农业和水利设施

排序如下:

a)农业类顺序为:农场、牧场、林场、渔场、原种场、良种繁殖场,大型农业园区、蔬菜基地、花卉基地、养殖基地。同类的,先列自治区属,再列市县管理的;应先大后小。

b)水利设施类顺序为:水利枢纽、水库(按所在市县排序)、灌区(按面积排序);主干渠(按引水量大小排序)、重要支渠(按引水量大小排序)、扬黄灌溉工程;排水干沟(按排水量大小排序)、支沟(按排水量大小排序);防洪堤。

6.5.8 工矿企业

按企业规模排序。

6.5.9 服务业

排序如下:

a)应先排市场(大型综合市场、专业市场、商城、商场),同类的应按规模排序;再排宾馆、饭店,应按星级高低排序。无星级的,应视规模排序。

b)老字号及餐饮名店,应先列授予中华老字号称号的,再按首创时间排序。餐饮名店,应按知名度排序。

c)物流企业,应按规模排序。

6.5.10 历史地名

排序如下:

a)应先排省(镇)、州、郡、县等建置地名,以使用朝代为序;官署、街、市、坊、店名,排在州、郡、县后;镇、城、寨、堡等聚落地名,应按隶属关系排在州县之下。

b)区域性地名,应按所跨地域排在相应的建置地名末尾。

c)应按山、川、湖顺序,排自然地理实体名。

d)应按长城、烽墩、关城、驿、递、渠道等顺序,排人工构造物地名。

6.6 词条排序步骤

6.6.1 根据表1,将街道、镇、乡及非行政区域地名类别,分别以不同的罗马字母表示,见表1。

表1 词目类别代号(供词目排序用)

代号	词目类别	代号	词目类别
A	街道(办事处)条	L	城镇街巷条
B	镇条	M	有轨交通线路条
C	乡条	N	城镇桥梁条
D	区片条	O	城市立交桥条
E	开发区条	P	城市交通枢纽条
F	广场条	Q	铁路车站条
G	大型居民区条	R	公路长途汽车站条
H	群众自治组织条	S	居民点(自然村)条
I	地域名条	T	居民点(住宅区)条
J	旧地名条	U	社区条
K	省会(首府)条	Z	城市道路条

6.6.2 编制词目排序表样例

总表除自治区条、首府条外,只列出市条、市辖区条、县级市条、县条四类词目。最后列出地域名条和旧地名条,见表2。

表2 宁夏回族自治区词目排序总表样例

序号	词目名称	类别	行政区划代码	备注
640000	宁夏回族自治区	自治区条		
640000—Z01	银川	首府条		
640100	银川市	地级市条		
		……		
640200	石嘴山市	地级市条		
640202	大武口区	市辖区条		
		……		
640381	青铜峡市	县级市条		
		……		
640423	隆德县	县条		
		……		
	×××	地级市条		
		……		
640000—T01	×××	地域名条		
		……		
	××区	市人民政府驻地条		区条

6.6.3 市、市辖区、县级市、县编制词目排序及样例

根据表3,在市条后面,先排跨区地名,依次为区片条、城市道路条和有轨交通线路条,最后排市人民政府驻地条(区条)。

表3 市级词目排序分表样例

序号	词目名称	类别	行政区划代码	备注
640100	银川市	地级市条		
640100—D01	×××	区片条		跨区地名
		……		
640100—K01	×××	城市道路条		跨区地名
		……		
640100—M01	×××	有轨交通线路条		跨区地名
		……		
	××区	市人民政府驻地条		区条

6.6.4 根据表4，在市辖区条的后面，先排区境和跨街道的词目，依次为：开发区、广场、大型居民区、城镇街巷、城镇桥梁、城市立交桥、城市交通枢纽、铁路车站、公路长途汽车站条。然后排街道条，区驻地街道排第一个。街道后面，排本街道属地的居民点（住宅区）条、社区条和城镇街巷条。街道条排完后排镇条，包括镇属地的城镇街巷条和居民点（自然村）条，镇人民政府驻地（自然村）排在3个居民点之首。镇条排完后排乡条，包括乡属地的居民点（自然村）条，乡人民政府驻地（自然村）排在3个居民点之首。

表4 市辖区词目排序分表样例

序号	词目名称	类别	行政区划代码	备注
640104	兴庆区	市辖区条		
640104—E01	×××	开发区条		区境
640104—F01	×××	广场条		区境
640104—G01	×××	大型居民区条		跨街道
640104—L01	×××	城镇街巷条		跨街道
		……		
640104—N01	×××	城镇桥梁条		区境
640104—P01	×××	城市立交桥条		区境
640104—Q01	×××	城市交通枢纽条		区境
640104—R01	×××	铁路车站条		区境
640104—S01	×××	公路长途汽车站条		区境
640104—A01	××街道	区人民政府驻地条		街道（办事处）
640104—A01—I01	×××	居民点（住宅区条）		
640104—A01—J01	×××	社区条		
640104—A01—L01	×××	城镇街巷条		
		……		
640104—A02	××街道	街道条		
		……		
640104—B01	××镇	镇条		
640104—B01—L01	×××	城镇街巷条		
640104—B01—H01	×××	镇人民政府驻地		居民点（自然村）
640104—B01—H02	×××	居民点（自然村）条		
640104—B01—H03	×××	×××		
640104—B02	××镇	镇条		
		……		
640104—C01	××乡	乡条		

续表

序号	词目名称	类别	行政区划代码	备注
640104—C01—H01	×××	乡人民政府驻地条		居民点(自然村)
640104—C01—H02	×××	居民点(自然村)条		
640104—C01—H03	×××	×××		
640104—C02	××乡	乡条		
		……		

6.6.5 根据表5,在县级市条的后面,先排市境和跨街道的词目,依次为:开发区、广场、大型居民区、城镇街巷、城镇桥梁、城市立交桥、城市交通枢纽、铁路车站、公路长途汽车站条。然后排街道条,市驻地街道排第一个。街道后面排本街道属地的居民点(住宅区)条、社区条和城镇街巷条。街道条排完后排镇条,包括镇属地的城镇街巷条和居民点(自然村)条,镇人民政府驻地(自然村)排在3个居民点之首。镇条排完后排乡条,包括乡属地的H居民点(自然村)条,乡人民政府驻地(自然村)排在3个居民点之首。

表5 县级市词目排序分表样例

序号	词目名称	类别	行政区划代码	备注
640381	青铜峡市	县级市条		
640381—E01	×××	开发区条		市境
640381—F01	×××	广场条		市境
640381—G01	×××	大型居民区条		跨街道
		……		
640381—L01	×××	城镇街巷条		跨街道
		……		
640381—N01	×××	城镇桥梁条		市境
640381—P01	×××	城市立交桥条		市境
640381—Q01	×××	城市交通枢纽条		市境
640381—R01	×××	铁路车站条		市境
640381—S01	×××	公路长途汽车站条		市境
640381—A01	××街道	市人民政府驻地条		街道(办事处)
640381—A01—I01	×××	居民点(住宅区)条		
640381—A01—J01	×××	社区条		
640381—A01—L01	×××	城镇街巷条		
		……		
640381—A02	××街道	街道条		

续表

序号	词目名称	类别	行政区划代码	备注
		……		
640381—B01	××镇	镇条		
640381—B01—L01	×××	城镇街巷条		
640381—B01—H01	×××	镇人民政府驻地条		居民点(自然村)
640381—B01—H02	×××	居民点(自然村)条		
640381—B01—H03	×××	居民点(自然村)条		
640381—B02	××镇	镇条		
		……		
640381—C01	××乡	乡条		
640381—C01—H01	×××	乡人民政府驻地条		居民点(自然村)
640381—C01—H02	×××	居民点(自然村)条		
640381—C01—H03	×××	居民点(自然村)条		
640381—C02	××乡	乡条		
		……		

6.7 词目排序总表与分表次序

6.7.1 总则

根据表2、表3要求,应先按分表规则,将词目次序排好、序号编好,最后按总表次序统排,排序注意事项如下:

a)为避免差错和编排索引、填写页码的便利,每一个词条均有一个代号(即表中的序号,由数字加拼音符号组成,最少6位,最多12位)。词条代号在词目表和释文上同时出现,同一词条在这两处的代号应完全一致。

b)给自治区、市级编辑部报送词目表时,应写一份情况说明,内容包括词条总数、分类数量及待解决的问题。

6.7.2 自然地理实体

词目排序规则及样例如下:

a)22水系,排序规则依次为A河流(a外流河、b内陆河),B峡谷,C湖泊(a淡水湖、b咸水湖),D陆地岛屿(a河岛、b湖岛),E洲、滩,F冰川,G瀑布,H泉;

b)词条序号样例:22—A—a001,即水系—河流—外流河001条。

6.7.3 交通运输设施

词目排序及样例如下:

a)30交通运输设施,依次为A铁路(a高铁、b国有铁路、c地方铁路)、B公路(a 高速、b 国道、c 省道)、C 车站(a 铁路、b 长途汽车)、D 桥梁(a 公路桥、b 铁路桥、c 公铁两用桥)、E 隧道、F 港口(a 海港、b 河港)、G 码头(a 海运、b 河运)、H 船闸、I 渡口、J 灯塔、K 航空港;

b)词条序号样例:30—A—a001,即交通运输设施—铁路—高铁 001 条。

6.7.4　党政机关、社会组织、科教文卫体等事业单位

词目排序规则及样例如下:

a)40 党政机关、社会组织、科教文卫体等事业单位,依次为 A 党政机关(a 国家级、b 自治区级、c 市级、d 县级)、B 民间组织(a 国家级、b 自治区级、c 市级、d 县级)、C 科研单位(a 国家级、b 自治区级、c 市级、d 县级)、D 教育单位(a 高等院校、b 中等专业学校、c 中小学、幼儿园)、E 文化设施(a 国家级、b 自治区级、c 市级、d 县级)、F 医疗设施(a 国家级、b 自治区级、c 市级、d 县级)、G 体育设施(a 国家级、b 自治区级、c 市级、d 县级)、H 城市大型建筑和优秀近现代建筑;

b)词条序号样例:40—C—a001,即党政机关、社会组织、科教文卫体等事业单位—科研单位—国家级 001 条。

6.7.5　名胜古迹和纪念地

词目排序规则及样例如下:

a)50 名胜古迹和纪念地,依次为 A 纪念地(a 国家级、b 省级)、B 重点文物保护单位(a 国家级、b 省级)、C 风景名胜区(a 国家级、b 省级)、D 重要景点和一般名胜古迹(a 国家级、b 省级)、E 自然保护区(a 国家级、b 省级);

b)词条序号样例:50—A—a001,即名胜古迹和纪念地—纪念地—国家级 001 条。

6.7.6　农业和水利设施词目排序规则及样例如下:

a)60 农业和水利设施具体排序规则依次为 A 农场、B 牧场、C 林场、D 渔场、E 水利枢纽、F 水库与灌区、G 渠道与堤防;

b)词条序号样例:60—A001,即农业和水利设施—农场 001 条。

6.7.7　工矿企业词目

排序规则及样例如下:

a)70 工矿企业,依次为 A 采矿业(a 煤炭、b 石油、天然气、c 黑色金属、d 有

色金属、e 非金属)、B 电站(厂)(a 水电、b 火电、c 风电、d 核电)、C 加工工业(a 冶金:黑色冶金和有色冶金,b 化工:酸碱、化肥、医药、化纤、橡胶、塑料、石油加工,c 机械制造:重型、日用、交通、电器电子、仪器仪表,d 建材:水泥、玻璃,e 纺织印染:棉、麻、丝、毛,f 食品:食品、饮料,g 轻工:缝纫、皮革、造纸、日用品、工艺美术、陶瓷、钟表、自行车);

b)词条序号样例:70—A—a001,即工矿企业—采矿业—煤炭 001 条。

6.7.8　服务业

词目排序及样例如下:

a)80 服务业,依次为 A 商场、B 市场、C 宾馆、D 信息产业、E 其他新兴服务业;

b)词条序号样例:80—A001,即服务业—商场 001 条。

6.8　释文行文要求

6.8.1　简明扼要

应如实记述,不作论述,不刻意修饰,做到文白相间。可参考《辞海》中地名词条的写法。

6.8.2　真实可靠

所写内容言之有据,没有政治性错误及与真实情况相悖等“硬伤”。

6.8.3　所用数据准确无误

应以《统计年鉴》中公布的为准。

6.9　释文内容

6.9.1　政区类地名

政区类地名释文内容如下:

a)自治区条、首府条。

b)市条包括:简称、别名、归属、经纬跨度、位置(在本省的某方位)、面积、人口、民族、辖区,市人民政府驻地。历史沿革。地名含义、来历、演变。自然、社会文化、经济特点,交通状况。

c)市人民政府驻地条均为市辖区,其撰写内容、叙述顺序和控制字数,按市辖区类词条要求编写。

d)市辖区条包括:归属、位置(在市区的某方位)、面积、人口、民族、辖区(所辖街道、镇、乡，只写数量不写名称），驻地，历史沿革（从新中国成立后写起，注明资料来源），地名含义、来历，自然、社会文化、市容建筑与布局、经济特点，交通状况。

e）县级市条包括：归属、经纬度（以人民政府驻地经纬度表示，点位，不用跨度）、位置（在地级市境的某方位）、面积、人口、民族、辖区（所辖街道、镇、乡只写数量不写名称），驻地，历史沿革，地名含义、来历、演变，市区城建历史、市容建筑和布局特色，自然、社会文化、经济特点，交通状况。

f）县条包括：别名、归属、经纬度（以人民政府驻地经纬度表示，不用跨度）、位置（在地级市境的某方位）、面积、人口、民族、辖区（所辖镇、乡只写数量，不写名称）、驻地，历史沿革，地名含义、来历、演变，自然、社会文化、经济特点，交通状况。

g）市辖区人民政府驻地应为街道；县级市和县人民政府驻地主要是街道，个别为镇。其撰写内容、叙述顺序和控制字数，按各类词条要求编写。

h）街道条包括：归属、位置（在市辖区或县级市市区、县城的某方位）、面积、人口、民族，城建历史，地名含义、来历，自然特点、社会文化特点、市容特点、经济特点、交通状况。

i）镇条、乡条包括：归属、位置（在县级市或县境的某方位）、面积、人口、民族（民族乡要写出该民族的人口数或所占比例），辖区（只写数量），驻地，历史沿革（概述），地名含义、来历，自然特点、社会文化特点、重要建筑物和重要名胜古迹、经济特点、交通状况。

j）大型居民区条内容包括：位置（在地级市市区的某部位）、人口，占地面积，地名含义、来历，建立时间，建筑规模与人文信息（如中小学、图书馆、文化馆、医院、公共绿地等），交通状况。

k）住宅区条包括：位置（在属地的某方位）、人口，占地面积，地名含义、来历，建立时间，建筑规模与交通状况。

l）社区条包括：归属、位置（在市辖区的某方位）、面积、人口，地名含义、来历、建成时间，建筑和人文特点，交通状况，何年获得荣誉。

m）居民点（自然村）条包括：类别（若为镇、乡人民政府驻地，要写明），位置（在县驻地××镇××方向××千米，直线距离），归属，人口、民族（汉族村不写),地名含义、来历(明显的以姓氏命名的村镇可不写),具有明显分布特征的聚落形态,文化特点,亘要建筑物和重要名胜古迹,经济特点(侧重于经济地位和稳定性强的乡镇企业,土特产品),交通状况。

n)区片条包括:位置(在地级市市区的某部位)、范围(泛指某一无明显边界的地区),形成历史、地名来历,社会文化、经济特点,交通状况。

o)开发区条包括:位置(在属地的某方位)、范围、占地面积,地名来历、批准时间、批准级别(国家级或省级),规模与特点,现有主要企事业,交通状况。

6.9.2 自然地理实体

自然地理实体释文内容如下:

a)平原(走廊)、盆地、谷地、高原条包括:位置(大的实体要写明四邻),面积,名称含义、由来(明显以地理位置命名的可不写),自然概况(包括水文、气候、土壤、植被),资源与开发状况(含土特产)。

b)山地、丘陵条包括:位置,范围,走向,名称含义、由来,一般海拔,最高海拔,主峰;本行政区域内的面积、最高峰、重要名胜古迹,自然概况(包括水文、气候、土壤、植被),资源(包括野生动植物)与特产。

c)山峰(包括主峰与名峰)条包括:所属,位置,名称含义、由来,海拔,自然特点。

d)山口、关隘条内容包括:位置,名称含义、由来,历史文化及作用,交通状况。

e)沙地条包括:位置,面积,名称含义、由来,自然概况。

f)河流条包括:性质(黄河不用写性质,其余分黄河一级支流、二级支流,内陆河等)、名称含义、由来,源地,流经地区,终点,在本行政区域内的起止点、长度、均宽、流域面积、流量、河流特点(如泥沙、峡谷等),经济价值(如水利),主要支流(指大河)。

g)峡谷条包括:位置,名称含义、由来,长度,宽度,相对高差,河床落差,平均流量,峡谷特点。

h)湖泊条包括:性质(淡水湖、咸水湖、堰塞湖、牛轭湖、人工景观湖等),位置,名称含义、由来,面积(指正常水位时),均深,最大深度,蓄水量,集水面积,其他特点。字数200~300字。

6.9.3 建筑物及城市公用设施

建筑物及城市公用设施释文内容如下：

a)城市道路街巷：性质（主干道、次干道、老街道、老巷等），地名来历及含义，历史，现状（方位、起止点、长度、宽度、行车道数、绿化等），交通地位。

b)广场、园林：性质，地名来历及含义，位置，建成时间，现有面积，主要设施及景观、绿化情况，功用。

c)大型雕塑：地名来历及含义，位置，建成时间，规模，艺术特色。

d)综合性政务中心、市民大厅、审批中心：位置，建成时间，占地面积，建筑面积，建筑特色，主要功能。政务中心要写入住单位。

e)宗教活动场所：位置，建成时间，占地及建筑面积，建筑特色，是哪个宗教的活动场所。清真寺的创始人、教派、门宦一律不写。

f)城镇广场条包括：位置（在属地的某方位），面积，建筑历史，地名含义、来历，社会文化特点，周围市容特点（包括重要建筑物），交通状况。

g)城市道路条包括：位置（在城区的某部位），起止点，主要相交街路（与××路、街相接），长度、宽度（包括快慢车道与人行道）、路面性质，建筑历史，地名来历、含义，社会文化特点，两侧市容特点（包括重要建筑物），交通状况。

h)城镇街巷条包括：指有影响的特色街巷。内容包括：位置（在属地的某部位），长度、宽度、路面性质，地名来历、含义，街巷特色与形成历史，与外部沟通的交通状况。

i)有轨交通线路条内容包括：位置（在市区某部位），起止点，途经车站名称，长度，建筑历史，功能作用，站台文化特点。

j)城镇桥梁条、城市立交桥条包括：位置（在属地的某方位）、规模（桥梁为长度、宽度、跨度；立交桥为占地面积），形成历史，地名含义、来历，建筑结构特点，功能作用。

k)地域名条包括：位置、范围、名称由来，特点，交通状况。

l)旧地名条包括：隶属关系，设置时间，撤销时间。

m)地市级、县级政区条较详，增加地形地貌、气候：街道办事处、乡镇条简略。居民点仅写上隶、户数、人口、特色及地名文化。

6.9.4 交通运输

释文内容如下：

a）铁路条，内容包括性质，起止点，里程（千米，下同），修建历史，在本行政区域的起止点、里程和站名，地位和作用；

b）公路条，内容包括性质（高速、国道、省道）、县乡，起止点（线路很长的公路应写途经主要城镇），里程（跨省公路应写出本省内的里程），本行政区域内的起止点，里程经过乡镇、修建历史（包括开工年月、建成年月、分段修建历史），线路状况（指公路的等级、路面状况和路面宽度；高速公路及国道、其他重要公路应写沿线有无大型桥梁、隧道、经过何种特殊地貌），地位和作用；

c）机场条，内容包括位置（包括距城区的距离），修建历史，规模（包括机场等级），航站楼建筑面积、建筑特点，旅客吞吐量，国内、国际（地区）航线数（或通航城市数）；

d）车站条，内容包括性质（铁路或长途汽车站，级别），位置，建站历史，名称由来（明显以地理位置命名的可不写），规模（包括车站主要建筑，铁路站台、到发线的数量和日接发车量，长途汽车日班车量、旅客发送量），地位和作用；

e）桥梁条，内容包括性质（铁路桥、公路桥、公铁两用桥、立交桥），等级（特大桥、大桥、中桥、小桥），位置，所在线路、所跨河流（或其他地理实体）、名称由来（明显以地理位置命名的可不写）、桥型（拱桥、悬索桥、斜拉桥、T 形钢构桥等）、长度、桥面宽度，公路桥增写设计荷载，孔数、主孔跨径、上部结构、下部基础、通车时间；

f）隧道条，内容包括性质（某铁路或某公路隧道），位置，长度、高度、宽度，行车道数，洞内设施，建筑历史，名称由来（明显以地理位置命名的可不写），建筑结构类型，地位和作用；

g）高速公路服务区条，内容包括所在路名，地理位置，路两侧服务区合计占地面积、建筑面积，使用功能。

6.9.5 科教文卫体等事业单位

科研单位、教育单位、文化设施、医疗设施、体育设施条。内容包括性质（如国家重点×××、三级或专科医院、大型×××等），位置，地名含义，建设历史，占地面积，建筑面积，规模与特点（学校的师资力量与设计招生人数，医院的技术力量与门诊接待量、病床数,体育场馆的运动项目场地及观众容量等),社会与经济意义。

6.9.6 名胜古迹和纪念地

释文内容如下:

a)纪念地、文物保护单位条,内容包括位置,名称由来(对历史人物要进行准确的综合评价,不过多介绍个人历史;对历史事件着重介绍性质,不过多介绍事件过程),建设历史,特点与社会意义,批准保护年月和级别,与就近大城市的交通状况。有古建筑存在的,重点写建筑特色。有遗址的,写清建筑规模。

b)风景名胜区条,内容包括位置,范围,面积,名称由来,批准设立年月和级别,按平面布局简述各景区特点,社会意义,与就近大城市的交通状况。

c)重要景点和一般名胜古迹条,内容包括位置,名称由来,景点特点与社会意义,批准保护年月和级别,交通状况。

d)自然保护区条,内容包括位置,范围,面积,名称由来,所处自然环境(着重写与保护对象有关的地形、气候、水文、植被),批准设立年月和级别(国家或省级),主要保护对象,科研价值和经济意义,交通状况。

6.9.7 农业和水利设施

释文内容如下:

a)农场、牧场、林场、渔场条,内容包括归属,位置,土地面积,名称由来,建设历史,规模与特点,地位和作用。

b)水利枢纽、水库、灌区条,内容包括位置,名称由来,建设历史,灌溉面积,规模与特点,作用。水库加写最大库容量、大坝尺度。

c)渠道、扬黄工程、排水沟、防洪堤条,内容包括位置,起止点,经过地点,建设历史,长度与特点,作用。渠道内容还应写渠首引水流量、受益地区、灌溉面积(亩)。排水沟应增写最大排水流、受益农田面积。扬黄工程应增加泵站位置、首站引水量、灌溉面积。跨行政区域的,重点写本区域内的现状。

6.9.8 工矿企业

释文内容如下:

a)采矿业、电站(厂)条,内容包括性质(特大型、大型或明星企业),位置,地名含义,建设历史,规模(主要是占地面积、生产能力和主要产品)与特点,地位和

作用,交通状况;

b)加工工业条;内容包括性质(特大型、大型或明星企业),位置,地名含义,建设历史,规模(主要是占地面积、生产能力和主要产品)与特点,地位和作用,交通状况。

6.9.9 服务业

释文内容如下:

a)商场、市场、商城、宾馆(饭店)条,内容包括性质(民营,大型;国有不表述),位置,地名含义,建设历史,规模与特点,地位和作用;

b)信息产业及其他新兴服务业条,内容包括性质(民营,大型;国有不表述),位置,地名含义,建设历史,规模与特点,地位和作用;

c)物流企业条,内容包括性质(民营,大型;国有不表述),位置,地名含义,建设历史,占地面积,仓储面积,配送渠道及业务量,信息平台;

d)老字号及餐饮名店条,内容包括字号及店名历史,传承人,位置,店面规模,经营商品及餐饮特色。

6.9.10 历史地名

内容应包括性质(某朝代州、郡、县、城、寨、堡、山、河名),首次出现时间,地名来历和含义,历史变迁,今地,撤废原因及时间,文献根据。有遗址者应介绍其面积、规模。无遗址者应说明遗址消失原因。

7 关键环节及要求

7.1 统一行文规范

7.1.1 总则

应明确词典的结构、层次、文体文风、人地名称、数字用法、计量单位、书写款式、图表要求、字体、标点、注释等。

7.1.2 文体文风

应语句通畅,语境妥帖,语言风格应简约、明快、平实、准确,以第三人称表述事实。

7.1.3 计量单位

按照 GB 3100—1993、GB/T 3101—1993 和 GB/T 3102.1—1993 的规定执行。

7.1.4　数字用法

按照 GB/T 15835—2011 的规定执行。

7.1.5　统计数据

全书统计数据截止日期应一致，面积数据及人口数据超万的，取其近似值，即四舍五入保留两位小数。保留的小数若为“0”，则应舍弃。

7.1.6　标点符号

按照 GB/T 15834—2011 的规定执行。

7.1.7　插配图表

要求如下：

a)图应有图题，将图题置于图下方的居中位置。图与图题不得拆开排写于两页，插图处的该页空白不够排写该图整体时，可将其后文字部分提前排写，将图移至次页最前面。

b)表应有表题，表题中不应使用标点符号。表题应置于表上方的居中位置。表与表题不得拆开排写。

7.2　调整篇目

需制定全面、系统、合理的篇目，对词典的宏观结构进行设计。收集资料可以粗一些。初稿编写完成，主编要在通览全稿的基础上，认真推敲其宏观结构，根据编纂进度调整篇目，形成定稿篇目。

7.3　处理交叉重复

应避免重复、允许交叉、存此去彼、详此略彼。

7.4　订正、核实、补充资料

引自古籍书刊的资料，应逐字逐句核对原书；采访所得的资料及回忆录，应查证核实；缺乏资料，纯由撰稿人以分析推测作铺垫的，应不予录用。

附录 A

（规范性附录）

封面尺寸及排版

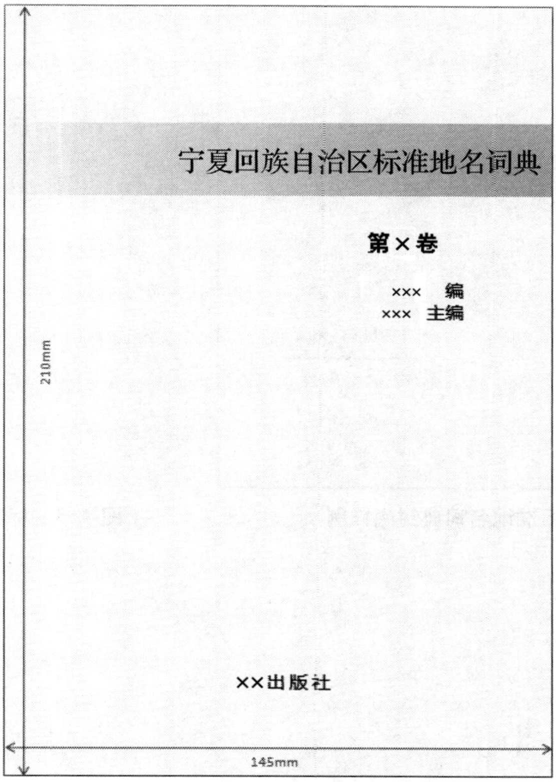

图 A.1　标准地名词典封面样例

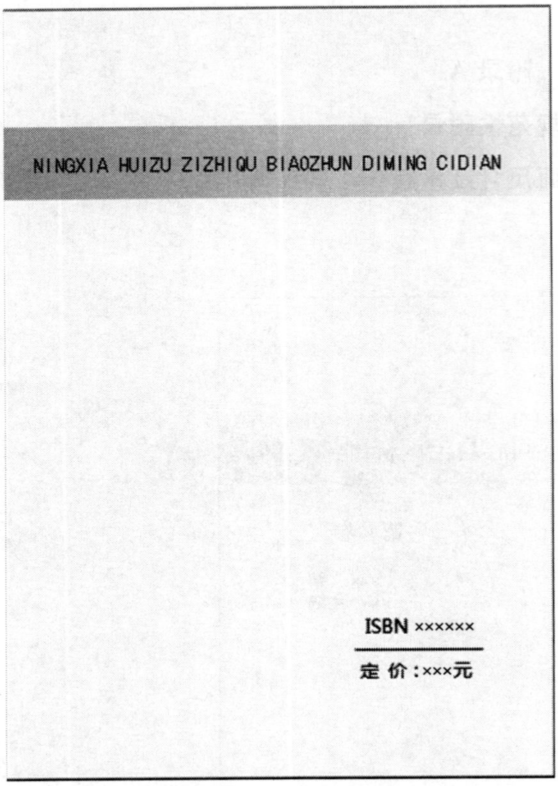

图 A.2　标准地名词典封底样例

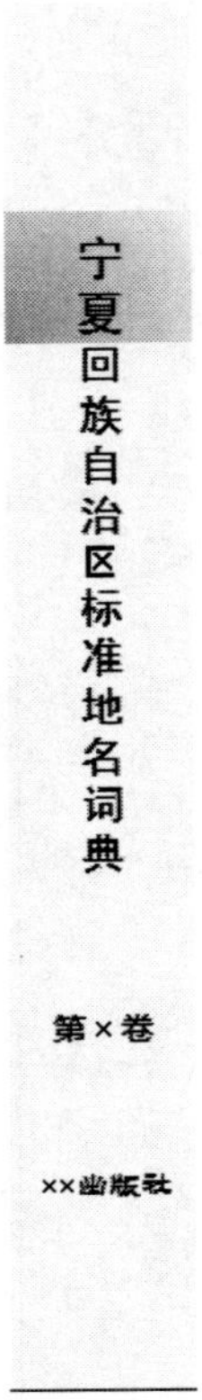

图 A.3　标准地名词典书脊样例

标准地名志编纂规范

DB 64/ T 1677—2019

（宁夏回族自治区市场监督管理厅2019－12－05发布，2020－02－05实施）

前　言

本标准按照GB/T 1.1—2009给出的规则起草。

本标准由宁夏回族自治区民政厅提出并归口。

本标准由宁夏回族自治区民政厅组织实施。

本标准主要起草单位：宁夏地名学会、中国地名研究所、隆德县民政局、南京师范大学、南京大峡谷信息科技有限公司。

本标准主要起草人：王胜三、鲁人勇、张清华、吴坚、张雪英、刘万银、张春玲。

标准地名志编纂规范

1　范围

本标准对标准地名志编纂总则、组织领导、版本式样、排列顺序、书写规定、计量规定、数据使用、署名方面进行了规定。

本标准适用于宁夏回族自治区标准地名志的组织、编写、出版工作。

2　规范性引用文件

下列文件对于本文件的应用是必不可少的。凡是注日期的引用文件，仅注日期的版本适用于本文件。凡是不注日期的引用文件，其最新版本（包括所有的修改单）适用于本文件。

GB 3100—1993　国际单位制及其应用

GB/T 3101—1993　有关量、单位和符号的一般原则

GB/T 3102.1—1993　空间和时间的量和单位

GB/T 15834—2011　标点符号用法

GB/T 15835—2011　出版物上数字用法

GB/T 18521—2001　地名分类与类别代码编制规则

3　总则

3.1　应根据国务院办公厅《关于进一步加强地方志编纂工作的通知》和《关于地方志编纂工作的规定》，结合宁夏回族自治区标准地名志编纂及续修工作的实际，为推进全自治区标准地名志编纂工作制度化和规范化，制定规范。

3.2　编纂标准地名志是一项长期的系统的具有连续性的社会主义文化建设事业，是借鉴我国志书的传统体例，较全面地记载一定行政区域内各类地名的历史与现状的一种专志，对全面反映当地的建制沿革和地名演变，积累和保存地名文化具有重要意义。

3.3　标准地名志应是在地名普查、地名公共服务和地名数据库建设的基础上，汇集丰富资料编辑而成的。标准地名志既是各级政府行政管理和经济、军事、外事、公安、交通、邮电、文教、出版、新闻、测绘等各个部门必备的地名资料书、工具书，又是国家领土、领海主权的历史见证。

3.4　标准地名志的编纂应运用现代科学理论和方法，做到政治性和政策性相结合，科学性和资料性相统一。内容应符合党和国家的方针政策，全面记录和反映当地自然地理实体和人文地理实体名称的历史和现状，为改革开放和构建和谐社会服务。

3.5　标准地名志的编写应做到资料翔实可靠、体例科学合理、内容全面完整、叙述言简意赅。同时，要围绕地名主题突出地名文化，使其在地名成果的基础上达到一个新的高度，更好地为经济社会发展提供服务。

3.6　标准地名志的编排应采取横排纵写，以章节为层次编排内容的篇目结构形式。

3.7　标准地名志的体裁，应采取记叙体，用语体文，由文、图和表构成，行文

力求朴实、简练、流畅。

3.8 标准地名志应公开出版发行,向社会提供标准地名服务。

4 组织领导

4.1 编辑出版标准地名志,是在地名普查、调查的基础上,将成果资料汇集、精选、编纂,向社会提供标准化地名资料和地名文化资料,满足社会各方面需要的一项重要工作,要切实加强组织领导。各级民政部门应成立标准地名志编纂委员会(以下简称编委会),负责本行政区域内标准地名志的业务指导、总纂和出版事宜。

4.2 应组织能胜任编纂工作的社会组织,以及有扎实史学等相关学科功底和较好文字写作能力的人员组成编辑团队,分工合作,各负其责,做好编纂工作。

4.3 标准地名志编写完成后,应会同有关部门及相关专家学者,进行认真会审、定稿。

4.4 标准地名志完成编纂后,应由本级民政部门组织初审和复审后,报自治区民政厅终审和本级人民政府批准。

5 版本式样

5.1 开本、装订、印数

均采用1/16开本(787mm×1092mm)精装。标准地名志可视情况进行分卷,市、县志一卷为宜。首次印数不低于2000册(套),除发售、赠送、交换外,应留存备用志书。

5.2 用纸、用字

扉页、插页用157g或128g双面铜版纸或雅粉纸,正文一般用80g双面胶版纸。使用标准简化字。民族地区志书可同时用当地通用的民族文字出版。

5.3 质量

纸质、墨色一致,字距匀称、整齐,页码序号连贯。编校、设计、印制均应符合国家《图书质量管理规定》。

5.4 版式设计

设计要求如下:

a)封面设计中,在上部 1/3 处应署"×××标准地名志",另起一行居中署"×××标准地名志"的大写罗马字母,即汉语拼音拼写。下部应署编写单位或机构,居中排列(见附录 A 图 A.1)。

b)封面、封底前后应各留一空白扉页。硬封可采用 2.5mm 以上中纤板(或进口纸浆板)作衬板,新型环保材料硬封。

c)书脊设计中,自上而下,应依次为书名、断限、出版社。

d)封底设计中,应遵照出版部门有关规定执行(见附录 A 图 A.2)。

e)环衬,使用与封面协调的特种纸。纹理、厚薄视情况酌定。

f)内封,内封样式基本与封面同,但应去掉"×××标准地名志"的大写罗马字母。在编写单位或机构下方标注编辑的年、月,应居中排列(见附录 A 图 A.3)。

g)版权页,排在扉页背面。版式遵照出版部门有关规定。

h)插页,版面应灵活、生动。图注用字五号。

i)凡例标题用字小一号,通栏横排居中,占 8 行,接排正文。正文用字五号,通栏横排,一般每页 38 字×35 行。

j)序言标题用字小一号,通栏横排居中,占 8 行,接排正文。正文用字小四号,通栏横排,一般每页 34 字×32 行(不包括书眉,下同)。

k)编纂说明标题用字小一号,通栏横排居中,占 8 行,接排正文。(或用字小初号,通栏横排居中,占 1 页。)正文用五号书宋体,通栏横排,一般每页 38 字×35 行。

l)目录标题用字小一号,通栏横排居中,占 8 行。列入目录的内容应包括概述、大事记、专篇、附录、索引、编后记。章节体志书一般列至节标题,条目体一般列至三级标题。各级标题通栏横排,以字体字号区别并逐级退格,以点线连接页码。

5.5 内文字体与字号的基本要求

基本要求如下:

a)分章的标题用黑体二号字,居中排列。

b)节的标题,用黑体三号字居中排列。

c)内文一级标题,用宋体三号字;二级标题,用楷体三号字,三级标题,用宋体四号字并加黑。一、二、三级标题,均另起一行空两个字由左至右排列。

d)作为条目的地名用黑体小四号字,另起一行空两个字由左至右排列。

e)正文内容用宋体小四号字。

5.6 志书主体

使用章节体。自治区地名志因篇幅大,可采用篇章节体。

5.7 章节设置原则

章节原则为:

a)按地名的性质归类设章,一般每类为一章。其中,政区和居民点要考虑级别和领属关系,地级市和所辖市县不能平行列章。如:第一章　银川市、第二章　金凤区、第三章　兴庆区……类似排法级别不分,不允许存在。正确的方法是:将政区类地分作两章,第一章为银川市,第二章为"辖属政区及居民点",把所辖区、市、县降为节。

b)章下设节,内容少的章也可以不设节。不设节的章,可以直接排列地名条目及正文,也可以分设若干目。

c)节下设目的,最多分3个层次:第一个层次为目,序号为一、二、三……然后列小标题;第二个层次为子目,序号为(一)(二)(三)……然后列小标题;第三层次小目,序号为1.2.3……不管设几个层次,最后一个层次为地名,不加序号,但要将字体加粗,扩注汉语拼音。

d)根据本地实际情况设置章节。各县(区、市)地理环境、历史、社会经济发展水平不一,地名的构成、数量差异很大。如吴忠市利通区,属银川平原,地形单一,陆地一节可不设。红寺堡区属新设,无古代建置,古城堡也极少,历史地名一章都可不设。所以,各地对下款所列章节,可根据实际,对个别章节作增、减、合并。

6 编排顺序

6.1 编纂委员会及其编纂人员名单

按照出版社的要求进行编排。

6.2 地图及彩色图片

要求如下:

a）分色行政区划图。

b）分色地名图。

c）县城（市区、城区）分色图。

d）交通旅游图。

e）彩色图片。应选录反映本行政区域内的地名特色、有代表性的照片30余幅，排16个页面（1个开张）。正文中不插彩照。照片中，凡有泛阿拉伯化内容、阿文图案的，一律不用。为避免版权纠纷，照片不得从网上下载。

6.3 序或前言

主要说明编辑本志的目的、意义；资料来源（地名机构和地名普查情况可扼要说明）；本志的基本内容；地名的选取数量；地名标准化处理情况等。

6.4 编纂说明

包括编制的必要性、原则以及作为工具书对未来地名工作的深远意义。

6.5 目录

按照编排顺序排版，不应出现混乱，要清晰明了。

6.6 凡例

6.6.1 体裁使地方志的“七宝体”，即述（概述）、记（大事记）、志、传、图、表、录（附录）。其中，志是全书主体。传即人物传，可以不写。图包括地图、图片、示意图。彩色图照集中在书的前面，黑色图照随文编排。表格插在相关正文中。

6.6.2 上限至地名出现，下限到志书编纂启动的上一年底，做到全书基本一致。

6.6.3 除描述标准地名的用字、读音、别名、含义、位置、特点等地名要素外，应重点写地名文化，即地名沿革、地域文化、地名延伸使用。交通、水利设施、大型人工构造物等人文地理类地名，还要记述社会经济意义。

6.6.4 文字表述采用记叙体、语体文，使用第三人称。行文力求朴实、简练、流畅。除概述外，其余不做论述，客观记述实际情况，用资料的科学排比反映作者观点。编纂中做到资料翔实、内容应不离“地名”主题，突出重点，写出地名文化与特色。对本地的重大历史事件、历史人物也应纳入。使用历史资料时，引文要注明出处，从而达到存史、资政、教化的目的。

6.6.5 资料来源以地名普查成果为基础，去伪存真，拾遗补阙，大量参考地方志、年鉴及各种地方文献。交通、文化、水利等专业性强的地名，应参考相关的专业志，或请相关部门提供。历史沿革主要参考《宁夏历史地理考》和旧志。

6.6.6 数字使用、计量单位使用，应遵守国家技术监督局《出版物上数字用法的规定》和国家标准计量单位的规定。数字小数点后最多保留两位数。为适应这一惯例，应根据不同情况使用适宜的计量单位。如面积：大的国土面积用平方千米，中等的森林面积、耕地面积用公顷，数量小的耕地面积、湖泊面积用亩，数量更小的建筑物、企事业单位占地面积、建筑面积用平方米。长度单位：大的用千米，小的用米，公路里程用千米。质量单位，按重量大小分别用吨（如运输货物）、千克（或公斤）、克。

6.6.7 古代度量衡，因历朝差异很大，换算十分复杂，有的朝代至今尚无定论，一般不作换算，仍沿用当时的计量单位及数字使用方法。如二丈三尺、十五石、五百里等。

6.6.8 记年，古代在帝王年号后括注公元纪年，再写农历月、日，如：唐贞观二十年(646年)七月十六日。其中年号和月、日都是农历，必须用汉字数字；括号内的用阿拉伯数字，如系公元前，加“前”字。如系公元后，100年内者加“公元”二字，其余不加。从1912年起，全部使用公元纪年，年、月、日都使用阿拉伯字，不用民国纪年。不使用“近年”“今年”“现”等模糊时间代词。不使用“新中国成立前（后）”“解放前（后）”“建国前（后）”等不科学的时间定位，用“中华人民共和国成立前（后）”或具体时间。

6.6.9 记人，一般直述其姓名，前置职务。民国政府官员也不加贬称。党和国家领导人可按新华社惯例，即在姓名前（或后）加一最高职务，如毛泽东主席。

6.6.10 禁用词汇应执行新华社2016年10月15日规定的第一批禁用词汇。对其中涉及国家主权、党的方针政策的，尤应注意。

6.6.11 注释应全书统一，使用随文括注，即在正文后用括号加注。引用书名括注到卷目或章节。

6.6.12 照片下方应标图名，文字说明不宜超过15字。

6.6.13 五地市公路里程的“0”千米起点，分别是银川市，南门广场；石嘴山市,大武口饭店转盘路;吴忠市,吴灵公路路口;中卫市,钟鼓楼;固原市,中山街南口。

6.7 概述

全志的高度概括,是唯一可作论述的地方。在志稿主体统稿后,按一篇独立文章撰写,其内容包括:

a)本行政区基本情况:上隶,简称,别名;所处位置;概括地理环境;下辖,政府驻地以及距上级政府驻地的方向和距离;下限年份面积,人口,经济总量,人均收入;文物保护单位、“非遗”项目、国家农产品地理志、历史名城、名镇、名村数量等。

b)地名来历及含义:市县之名的出现时间、来历、含义及变化。

c)地名现状:“二普”登记地名总数及分类数;地名的命名特点;志书收录地名的分类及数量、命名特点。

d)地名沿革:以地名为纲,介绍本行政区历史沿革。

e)地名文化:分类论述地名所反映的文化内涵。

f)地名工作:地名管理机构及职能;法规、行政规章;地名普查;命名审批程序;标志及档案管理。无管理职能的市辖区可以不写。

6.8 大事记

为编年体,按时间先后排序。可根据本地实际情况及内容多少设几个目,如先秦至南北朝、隋唐五代、宋夏、元明清、民国、当代等。文字简明扼要,记地名、地名工作中的大事,与地名无关的不写。

6.9 章节设置及入志地名

6.9.1 按照 GB/T 18521—2001 的规定,进行分类设章入志。各类地名要素及内容见附录 B。

6.9.2 第一章 与志书同级别的政区为章名

如宁夏回族自治区、银川市、利通区、西吉县……不设节。分段或设目写以下主要内容:基本情况(比概述更细)、地名来历及含义、建置沿革及区划变更、地名的命名及特点、地名文化利用。设目的,应置于基本情况之后。

6.9.3 第二章 辖属政区及居民点

要求如下:

a)自治区志按地级市分节；

b)市级志按所辖县级政区分节；

c)县级志书可不分节，直接排乡镇地名；

d)全部按地名编码顺序排列；

e)自治区志采收至全部街道、乡镇，以及历史名村和个别有代表性的居民小居；

f)市级志扩大到有特色的行政村和500户以上的居民小区；

g)县级志行政村全收，并列表反映各村民小组的位置、面积、户数、人口，凡用一队、二队之类的名，应在备注栏注明老地名；

h)区片地名排在最后；

i)所有地名，都要有基本情况和各自特色。

6.9.4　第三章　自然地理实体

要求如下：

a)第一节　陆地　一、平原　二、山地（山脉、山峰、山口、关隘）　三、沙地、台地　四、其他（丘陵、梁、谷地等）；

b)第二节　水系　一、河流　二、湖沼　三、峡谷、溪沟　四、泉井；

c)第三节　自然保护区（节下不设目）。

注：从本章起，所列目录即地名采收范围和排序。

6.9.5　第四章　交通运输

要求如下：

a)第一节　公路　一、高速公路　二、国道　三、省道　四、县道。同级公路按编号数字顺序排列。县级志可将县乡道按路名、起止点、长度、技术等级列表反映。

b)第二节　桥隧渡口（含公路、铁路桥隧）　一、特大桥（长度大于500米，或最大单孔跨径100米以上）　二、大桥（长度100～500米，或最大单孔跨径40～100米）　三、中桥（长度100～30米，单孔跨径40～20米）　四、立交桥　五、其他桥（名桥、景观桥）　六、隧道　七、渡口。自治区志、市级志收至大桥。县级志收至中桥，小桥按桥名、所在公路、位置、所跨河流、桥长列表反映。铁路中小桥因不具地名意义，一律不收。

c)第三节　场站　一、机场　二、火车站　三、汽车站　四、高速公路服务区　五、高速公路出口及收费站。市级、县级志以上全收；自治区志不收县城以下小汽车站、火车站。

6.9.6　第五章　城镇公共设施及建筑物

要求如下：

a)第一节　街巷　主干道、次干道、有悠久历史和特色的老街、老巷子全收。县级志书适度放宽。

b)第二节　政务场所(节下不设目)采收范围及排序：行政中心、政务中心、市民大厅(或行政审批中心)、四套班子中独立的办公大楼(或办公区)、大会堂。

c)第三节　广场园林　采收范围及排序：一、公园　二、广场　三、游乐园　四、其他园林。自治区志、银川市志不收小游园。

d)第四节　建筑物　一、地标性建筑　二、知名建筑物(含大型雕塑、牌楼)　三、有代表性的宗教寺庙(单列为地名条目的，市级志不超过 10 座，县级志不超过 5 座)。县级志书可设计一张寺庙分布统计表，将各乡镇经批准开放的佛寺、清真寺、道观座数予以反映。

6.9.7　第六章　教科文卫体

要求如下：

a)第一节　学校　一、高校　二、中学(区市重点)　三、中专、职业中学　四、小学　五、幼教园所。县级志全收。市级志采收高校、中学、中专，小学及幼儿列表反映校名、位置、下限年份、在校生人数、占地面积、建筑面积。

b)第二节　医疗卫生机构　一、公立医院　二、民营医院　三、卫生防疫机构。区级志书只收三级医院。市级志收三级医院，二级医院列表反映。县级志收二级医院，一级医院列表反映。

c)第三节　科研机构。

d)第四节　文体场馆　一、博物馆　二、图书馆　三、体育场馆　四、会展场馆　五、其他(少年宫、老年活动中心等)。各级志书，均采收境内上级和本级政府管理的场馆。未向公众常年开放的不收。

6.9.8　第七章　文物古迹和旅游景区

要求如下：

a)第一节　文物保护单位　全国重点文物保护单位、自治区文物保护单位、市县文物保护单位。自治区志书不收市县级文物保护单位。

b)第二节　其他古迹　古人类活动遗址、城堡遗址、古建筑(含古寺庙)、古墓葬。

c)第三节　风景名胜　景致、旅游景区、景点。

d)第四节　纪念地　革命纪念地、烈士陵园、名人纪念地、爱国主义教育基地等。

e)第五节　文广机构　广播电视、报刊、影剧场。

6.9.9　第八章　农业和水利设施

要求如下:

a)第一节　农牧林渔场　农场、育种场、种植园区(基地)、养殖园区(基地)、牧场、林场、防护林带;

b)第二节　水利设施　水利枢纽、灌区、水库、干渠、扬黄灌溉工程、排水干沟、闸坝;

c)第三节　防洪工程　防洪堤、滞洪区、黄河金岸。

6.9.10　第九章　工业

根据本地实际情况设节,工业薄弱的县级志,也可不设节。

6.9.11　第十章　服务业

采选有地名意义、有一定规模和特色的服务企业,要求如下:

a)第一节　市场　综合市场、批发市场、专业市场、早市夜市、商业步行街;

b)第二节　商场商店　百货大楼、商场、商店(含大型独立超市);

c)第三节　宾馆酒店及餐饮名店;

d)第四节　其他　金融、物流、信息等。

6.9.12　第十一章　历史地名

采选已经废弃不用的历史地名及旧地名。现仍在使用,专名通名全部与历史地名相同的不收。个别历史地名极少的县级志(如红寺堡区),也可不设此章。要求如下:

a)第一节　历代建置(含古代军事机构)及区片;

b)第二节　城镇寨堡;

c)第三节　山川湖沼；

d)第四节　交通水利　丝绸之路、古道、驿递、桥渡、古关、古渠；

e)第五节　军事设施　长城、烽火台、戍台；

f)第六节　旧街市；

g)第七节　其他　园林景致、书院、寺庙、旧商号。

6.9.13　第十二章　地名管理(市辖区志不设)

要求如下：

a)第一节　管理机构与职能；

b)第二节　管理法规；

c)第三节　地名普查；

d)第四节　地名的命名及变更程序；

e)第五节　地名标志与档案信息管理。

6.10　志书主体的字号与排版

章名用小二号宋体加粗，居中排；节名用三号宋体，居中排；目用四号宋体加粗，另行空 2 字排；子目用四号宋体，另行空 2 字排；小目用小四号宋体，另行空 2 字排；地名条目(扩注汉语)用五号宋体加粗，另行空 2 字排；地名条目后面空 2 字，用五号宋体接排正文。

6.11　插图

志书主体的章节中，为了更直观地显示地名要素，可随文设置两种插图：一为黑白照片，包括历史旧照片；二为黑白示意图，如城区街巷图、乡镇地名图、历史地名图等，图幅不得超过版心尺寸。其内容、排版位置应与正文相适应。

6.12　附录

附录的使用要求如下：

a)参考文献目录新旧地名对照表；

b)有关地名管理方面的重要文件；

c)行政区划调整、地名变更文件；

d)其他(自定)；

e)地名汉字首字笔画索引；

f)汉语拼音音序索引。

6.13 后记

介绍修志经过及需要说明的问题;参加编纂的人员;表达对支持和协助者的谢意。署名"编者"及时间。

7 书写规定

7.1 文字

7.1.1 文字使用须符合《出版物汉字使用管理规定》。

7.1.2 除引文和特殊需要用字外,一律以国家语言文字工作委员会 1986 年公布的《简化字总表》和国家语言文字工作委员会、新闻出版署 1988 年发布的《现代汉语通用字表》收录的汉字为准。

7.1.3 引用古籍中未简化的繁体字或用作姓名中的繁体字应保持原貌。因特殊需要使用外国语言文字或少数民族语言文字时,应当用国家通用的汉语言文字做必要的注释。

7.1.4 在个别人名、地名、引文用同音简化字代替时可能发生误解的,或者特殊需要加以注释的,可以酌情保留繁体字、异体字,请在文稿中用方框注明,如"魏徵"。

7.2 标点

标点符号的使用按照 GB/T 15834—2011 的规定执行。

7.3 称谓

称谓的使用要求如下:

a)除引文和特殊情况外,一律用第三人称。政区、机构、政党、军队等均直书其名。不使用"我市""我局""我党""我军"等第一人称称谓。可用"全市""县内"等代称,但应在记述中保持前后一致。

b)历史上的政府机构等名称,采用当时的称谓。如清王朝不称"满清"。民国时期北洋军阀统治下的政府称"北洋政府",国民党政权的政府称"国民政府",日伪傀儡政府称"日伪政府"(含"维新政府"),如单指汪精卫政权可称汪伪政府。中华人民共和国成立之后,台湾统治集团称"台湾当局"(注意应加引号)。

c)民国时期的军队须依其政治性质称谓。国民革命军(大革命时期)、国民党军(1927年大革命失败后)、国民党保安团体、国民党地方武装、地主武装、国民党顽固派军队等。中国共产党领导下的人民军队依时期不同分别称为中国工农红军、八路军、新四军、中国人民解放军。日本军队称日本侵略军,不称“日寇”,日军、伪军可合称为日伪军,中间不加顿号(“、”);除引文和特殊情况外,入志人物直书姓名,不加褒贬之词。不在姓名后加身份词,必须说明身份时,姓名之前可冠职务、职称。需使用字、号、曾用名等,在首次使用时应括注。外国人名在首次出现时应括注外文原名。同名人物,应分别在志书首次出现时括注其生卒年或出生地,或在姓名前加身份词。

7.4 时间

时间的使用要求如下:

a)清代及清以前按各朝代帝王年号纪年,农历纪月日,汉字书写,并在每节(目)首次出现时括注公元纪年。如:清咸丰三年正月初二(1853年2月9日)。从1912年民国建元后,一律用公历纪年、月、日。

b)公元前年份须加“前”字,公元后年份除公元100年以内加“公元”二字外,其余不加。

c)公元纪年须用阿拉伯数字全称书写,不得省略前两位数字,如1995年不能写成“95年”。

d)时间表述要准确。不用“今年”“本月”等时间代名词;同一段落中为了节省文字,可用“同年”“同月”等;不用“最近”“不久以前”“目前”等不确切的时间概念。

8 计量规定

计量单位名称、符号的使用,按照GB 3100—1993、GB/T 3101—1993、GB/T 3102.1—1993的规定执行。

9 数据使用

9.1 凡国家规定的统计项目,以统计部门公布的法定数据为准。统计部门没有统计的,可采用主管部门的统计数据。数据不得前后矛盾,正文与统计表中数据要一致,单项数值之和与累计数值一致。

9.2 凡入志数据均以统计指标体系为依据。数据必须严格核实,科学分类,尤其要注意搞清数据的定义、含义、统计口径和计算方法，切忌错用、误用、滥用。

10 数字规定

10.1 数字使用应按照 GB/T 15835—2011 的规定执行

10.2 下列情况应当使用阿拉伯数字

a）公历世纪、年代、年、月、日、时刻。如：公元前 8 世纪、20 世纪 90 年代、1986 年 10 月 10 日、18 时 45 分 30 秒等。

b）计数与计量的数值。如正负数、小数、分数、百分比、比例等。

c）代号、代码、序号中的数字。

d）引文标注中的版次、卷次、页码，除古籍应与所据版本一致外，均使用阿拉伯数字。

10.3 下列情况应当使用汉字数字

a）定型的词、词组、成语、惯用语、缩略语或具有修辞色彩的词语中作为语素的数字。如：五四运动、二万五千里长征、第三产业等。

b）相邻数字连用表示的概数或带“几”字的约数。如：五六吨、十七八岁、一百四五十元、五十几套、一千几百年等，连用的两个数字之间不能用顿号隔开。

c）含有月日简称表示事件、节日和其他意义的词组中数字，如“七七”事变、“三八”妇女节；对可能产生歧义者，应用间隔号将表示月和日的数字隔开，如“一·二八”事变、“一二·九”运动。

d）非公历纪年一律用汉字数字，但括注公历年份时用阿拉伯数字。

e）序数用汉字数字表示，如“第二十四军”“第一名”。

10.4 阿拉伯数字的书写规则

a）凡统计数字，小数点后根据四舍五入原则保留两位数字。尾数有多个“0”的整数和 5 位数以上（含 5 位数）的数字，以万、亿作单位，如 800 000 棵写成 80 万棵，678 036 795 写成 6.78 亿元，不得写成 6 亿 7 千 8 百万元；

b）用阿拉伯数字书写的一个多位数不能移行。

11 署名

11.1 志书封面署自治区标准地名志编纂委员会名

书脊、版权页、扉页不署主编姓名。

11.2 扉页署名要求

扉页应包含丛书编纂委员会与本卷编纂委员会。本卷编纂委员会署名置于志书"前置图片"之后,内容包含如下:

a)编纂委员会成员;

b)主编、副主编;

c)编辑(总纂)、编务人员;

d)审稿人员。

11.3 附录与编后记要求

以下署名置于附录中或编后记之前:

a)初稿撰写人员(部门);

b)资料提供人员(部门)。

附录 A
(资料性附录)
封面、内封、书脊的尺寸及排版

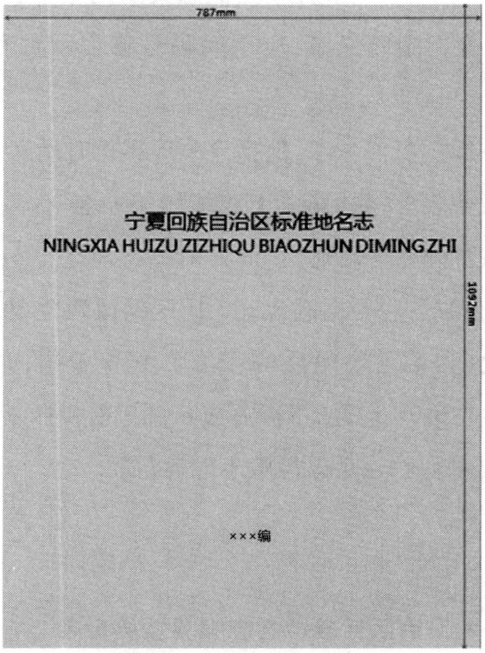

图 A.1 封面尺寸及排版

图 A.2　书脊尺寸及排版

图 A.3　内封尺寸及排版

附录B

(资料性附录)

各类地名要素及内容

表B.1 各类地名要素及内容

类别	收录要求	小类	词条编写内容
陆地水系	穿越辖区境内的河流，包括干流和支流	河流	标准地名、曾用名(若有)的来历、含义、命名时间。地理实体概况，包括：境内长度(千米)、流域面积(平方千米)、主要支流、河流级别、河流类别，流经行政区域、其他信息(如揭示河流历史文脉和特色文化内涵的信息等)
	全国、自治区内主要河流、支流的源头	河源	标准地名、曾用名(若有)的来历、含义、命名时间。地理实体概况，包括：所在(跨)行政区、其他信息
	辖区内比较著名的，具有比较显著地理特点的水系地理实体地名	峡谷	标准地名的来历、含义、命名时间。地理实体概况，包括：长度(千米)、宽度(千米)、走向、所属山系、起点名、止点名、河流名(没有可不写)、所在(跨)行政区、其他信息
		河滩	标准地名的来历、含义、命名时间。地理实体概况，包括：面积(平方千米)、所在(跨)行政区、其他信息
		阶地	标准地名的来历、含义、命名时间。地理实体概况，包括：高度(米)、阶地级数、陡坎角度、所属河流、所在(跨)行政区、其他信息
		河湾	标准地名的来历、含义、命名时间。地理实体概况，包括：所在河流、所在(跨)行政区、其他信息
		河口	标准地名的来历、含义、命名时间。地理实体概况，包括：类型(滨海/滨湖/滨河)、所在(跨)行政区、其他信息
	辖区内规模较大的自然湖泊、人工湖泊、岛屿、知名的瀑布和泉	湖泊	标准地名、曾用名(若有)、别名的来历、含义、命名时间。地理实体概况，包括：类型(常年湖/时令湖，淡水湖/咸水湖)、面积(平方千米)、最大长度(千米)、最大宽度(千米)、平均水深(米)、最大水深(米)、主要水源、所在(跨)行政区、其他信息(如沿湖重要自然和人文地理实体及有独具特色的文化内涵等)
		陆地岛屿	标准地名的来历、含义、命名时间。地理实体概况，包括：类型(基岩/冲洪积)、面积(平方千米)、近陆距离(千米)、相对高程(米)、植被覆盖率、所在(跨)行政区、其他信息[如人口(人)、自然聚落、建筑物等]
		瀑布	标准地名的来历、含义、命名时间。地理实体概况，包括：最大落差(米)、最大宽度(米)、流量(立方米/秒)、上游水源、所在(跨)行政区、其他信息(如景观特征、故事传说等)
		泉	标准地名、曾用名(若有)的来历、含义、命名时间。地理实体概况，包括：类型(冷泉/热泉)、最高水位(米)、最低水位(米)、最大输出量(立方米)、日出水量(立方米)、涌水高度(米)、年均水温、所在(跨)行政区、其他信息(如景观特征、故事传说等)

续表

类别	收录要求	小类	词条编写内容
陆地地形（丘陵山地）	辖区内跨县级政区和其他特别重要的丘陵山地名称	山口、关隘	标准地名的来历、含义、命名时间。地理实体概况，包括：长度（米）、宽度（米）、海拔（米）、所属山脉、所在（跨）山峰、所在（跨）行政区、其他信息（如自然与人文景观，重要历史人物、事件及传说等文化内涵）
		山谷、谷地	标准地名的来历、含义、命名时间。地理实体概况，包括：长度（米）、平均宽度（米）、相对高差（米）、走向、所在山脉、所在（跨）行政区、其他信息（如自然与人文景观，重要历史人物、事件及传说等文化内涵）
		山坡	标准地名的来历、含义、命名时间。地理实体概况，包括：走向、所在山脉、所在（跨）行政区、其他信息（如自然与人文景观，重要历史人物、事件及传说等文化内涵）
		山峰	标准地名的来历、含义、命名时间。地理实体概况，包括：海拔（米）、所在山脉、所在（跨）行政区、其他信息（如地质地貌，主要生物，自然与人文景观，重要历史人物、事件及传说等文化内涵）
		山	标准地名、曾用名（若有）的来历、含义、命名时间。地理实体概况，包括：长度（千米）、宽度（千米）、海拔（米）、所在（跨）行政区、其他信息（如地质地貌，主要生物，自然与人文景观，重要历史人物、事件及传说等文化内涵）
		山体	标准地名的来历、含义、命名时间。地理实体概况，包括：长度（千米）、宽度（千米）、主峰海拔（米）、平均海拔（米）、走向、主峰名称、所在（跨）行政区、其他信息（如地质地貌，主要生物，自然与人文景观，重要历史人物、事件及传说等文化内涵）
重要陆地景观	辖区内跨县级政区和其他特别重要的陆地景观名称	湿地（沼泽）	标准地名的来历、含义、命名时间。地理实体概况，包括：面积（平方千米）、长度（千米）、宽度（千米）、深度（米）、水源、气候类型、动植物种类、年均温度（摄氏度）、年均温差（摄氏度）、年降水量（毫米）、年无霜期（天）、所在（跨）行政区、其他信息
		草原	标准地名的来历、含义、命名时间。地理实体概况，包括：面积（平方千米）、长度（千米）、宽度（千米）、主要植被类型、年均温度（摄氏度）、年均温差（摄氏度）、年降水量（毫米）、年无霜期（天）、所在（跨）行政区、其他信息
		森林	标准地名的来历、含义、命名时间。地理实体概况，包括：面积（平方千米）、长度（千米）、宽度（千米）、植被类型、气候类型、年均温度（摄氏度）、年均温差（摄氏度）、年降水量（毫米）、年无霜期（天）、所在（跨）行政区、其他信息（如水源、建筑物等）
		沙漠	标准地名的来历、含义、命名时间。地理实体概况，包括：面积（平方千米）、长度（千米）、宽度（千米）、气候类型、植被类型、年均温度（摄氏度）、年均温差（摄氏度）、年降水量（毫米）、年无霜期（天）、所在（跨）行政区、其他信息
		绿洲	标准地名的来历、含义、命名时间。地理实体概况，包括：面积（平方千米）、长度（千米）、宽度（千米）、上游水源、气候类型、植被类型、年均温度（摄氏度）、年均温差（摄氏度）、年降水量（毫米）、年无霜期（天）、所在（跨）行政区、其他信息

续表

类别	收录要求	小类	词条编写内容
其他陆地地形	辖区内比较著名的,有较强的地质特点	台地	标准地名的来历、含义、命名时间。地理实体概况,包括:面积(平方千米)、最大长度(千米)、最大宽度(千米)、海拔(米)、四周山脉、四至、气候类型、年降水量(毫米)、年无霜期(天)、所在(跨)行政区、其他信息
行政区域	所辖的全部政区	地级行政区	标准地名、曾用名、简称的来历(内容尽量丰富)、含义及历史沿革。概况:行政区划代码、政府驻地、政府网址、所辖行政区、总面积(平方千米)、总人口(万人)、政区的历史沿革(始置时间和置、废、分、合及驻地迁徙、辖属变更等情况)、其他信息(如四至、毗邻的相关行政区,政府驻地人口、民族构成,气候类型,地貌特征、主要山峰、主要河流,主要工业、主要农业、主要矿产、主要土特产,主要交通干道,主要文教科体卫事业单位,名胜古迹和著名旅游景点,著名历史人物、主要历史事件等历史文化和民间传统文化内涵)。(地本级政区应深入调查、考证、梳理其沿革变迁和承载的地域文化内涵)
		县级行政区	标准地名、曾用名、简称的来历、含义及历史沿革。概况:行政区划代码、政府驻地、政府网址、所辖行政区、总面积(平方千米)、总人口(万人)、政区的历史沿革、主要产业、经济情况、著名历史人物、主要历史事件等
		乡级行政区	标准地名、曾用名、简称的来历、含义及历史沿革。总面积(平方千米)、总人口(万人)、著名历史人物、主要历史事件等
非行政区域	在全国和自治区内知名的,有影响力的,经过正式批准的、由地级政府直接管理的	矿区	标准地名的来历、含义、命名时间。地理实体概况,包括:矿产类型、范围、驻地、设立时间、面积(平方千米)、人口(人)、所在(跨)行政区、产值(万元)、其他信息
		农、林、牧、渔区	标准地名的来历、含义、命名时间。地理实体概况,包括:类型(农业区/林区/牧区/渔区)、范围、面积(平方千米)、人口(人)、年均气温(摄氏度)、年均降水量(毫米)、年无霜期(天)、主要产业、所在(跨)行政区、其他信息(如与之相连的主要道路和交通线等)
		工业区、开发区	标准地名的来历、含义、命名时间。地理实体概况,包括:类型(工业区/开发区)、范围、面积(平方千米)、人口(万人)、主要产业、所在(跨)行政区、其他信息(如与之相连的主要道路和交通线等)
	多年形成、至今仍在使用的,面积较大,在全国、自治区和辖区内部有一定知名度的名称	地片、区片	标准地名的来历、含义、命名时间。地理实体概况,包括:范围、所在(跨)行政区、其他信息

续表

类别	收录要求	小类	词条编写内容
居民点	形成多年，规模大的，有一定知名度的居民点，每个城镇收录8至10个较大的居民住宅区或小区名称，每个乡镇收录乡镇驻地村和8至10个自然村的名称	城镇居民点、农村居民点	标准地名、曾用名（若有）的来历、含义（城镇新建社区居民点标准地名的来历和含义可不用介绍）、命名时间。地理实体概况，包括：类型（城镇/农村）、长途电话区号、邮政编码、面积（平方千米）、人口（人）、所在（跨）行政区；民宅聚集区、居民小区等城镇居民点所临街巷与门牌号、邮编等组合地址信息，村落等农村居民点的聚落形态、传统民居及民俗等文化内涵；其他信息
交通运输设施	辖区内重要的台、站、港、场名称；途经辖区的铁路、高速公路和二级以上省道名称，境域内的县道	公路	标准地名的来历、含义、命名时间。地理实体概况，包括：类型（国道/省道/县道）、等级（高速/一级/二级）、在境内的起点、止点、长度（千米）、宽度（米）、路面性质、沿途重要地理实体、始建时间、建成时间、途经行政区、其他信息
		长途汽车站	标准地名的来历、含义、命名时间。地理实体概况，包括：年客运量（万人）、占地面积（平方米）、始建时间、建成时间、所在（跨）行政区、其他信息（如与之相连的主要道路和交通线等）
		铁路	标准地名的来历、含义、命名时间。地理实体概况，包括：类型（单线/复线，普通线路/客运专线）、在境内的起点、止点、主要车站、长度（千米）、始建时间、建成时间、途经行政区、其他信息
		火车站	标准地名的来历、含义、命名时间。地理实体概况，包括：类型（客运/货运/客货混合运）、年客运量（万人）、所在铁路年货运量（万吨）、占地面积（平方米）、始建时间、建成时间、所在（跨）行政区、其他信息（如与之相连的主要道路和交通线等）
城镇交通运输	收录市辖区范围内的重要的、有一定历史和规模的街道	道路、街巷	标准地名的来历、含义、命名时间。地理实体概况，包括：起点、止点、长度（米）、宽度（米）、路面性质、道路等级（快速路/主干道/次干道/支路）、门牌号范围、沿途重要地理实体、始建时间、建成时间、所在（跨）行政区、其他信息（如一些古老街巷的传统文化内涵等）
		有轨交通线路	标准地名的来历、含义、命名时间。地理实体概况，包括：起点、止点、长度（千米）、始建时间、建成时间、所在（跨）行政区、其他信息
交通运输附属设施	规模大、历史久、有特色的桥梁和隧道	桥梁	性质：公路或铁路特大桥、大桥、中桥、小桥；地名的来历、含义、命名时间。地理实体概况，包括：桥型、所在线路、所跨河流（道路等）、最大载重量（吨）、长度（米）、宽度（米）、净高度（米）、最大跨径（米）、始建时间、建成时间、所在（跨）行政区、其他信息
		隧道	标准地名的来历、含义、命名时间。地理实体概况，包括：类型（铁路/公路/地下通道/其他）、长度（米）、宽度（米）、高度（米）、所在位置及山峰（河流、湖泊等）、始建时间、建成时间、所在（跨）行政区、其他信息

续表

类别	收录要求	小类	词条编写内容
水利、电力、通信设施	辖区内特大型和大型、具有重要地名意义的水利、电力、通信设施	水库	标准地名的来历、含义、命名时间。地理实体概况,包括:面积(平方千米)、长度(千米)、宽度(千米)、平均水深(米)、总库容(万立方米)、主要水源、始建时间、建成时间、所在(跨)行政区、其他信息
		蓄洪区、泄洪区	标准地名的来历、含义、命名时间。地理实体概况,包括:面积(平方千米)、蓄(泄)洪量(万立方米)、蓄洪水位(米)、主要水源、所在(跨)行政区、其他信息
		渠道	标准地名的来历、含义。所在位置、长度(米)、渠首位置及最大引水流量;始建时间、建成时间、所在(跨)行政区、灌溉面积
		发电站	标准地名的来历、含义、命名时间。地理实体概况,包括:类型(火力/水力/风力/核/太阳能)、总装机容量(千瓦)、日发电量(万度)、年发电量(万度)、始建时间、建成时间、所在(跨)行政区、其他信息
		输变电站	标准地名的来历、含义、命名时间。地理实体概况,包括:输入容量(千瓦)、输出容量(千瓦)、始建时间、建成时间、所在(跨)行政区、其他信息
		扬黄灌溉工程	名称及来历、含义,起止点,长度,主要泵站,首站最大引水量,渠道所跨行政区域、灌溉面积
		排水沟	名称及来历、含义,起止点、长度、所经地点、最大流量、控制面积
纪念地、旅游景点	辖区内著名的风景名胜、市级及以上文物保护单位名称和具有重要价值的古迹名称	人物纪念地、事件纪念地	标准地名、曾用名(若有)的来历、含义、命名时间。地理实体概况,包括:占地面积(平方米)、管理单位、联系地址、人物或事件、保护级别、所在(跨)行政区、其他信息(如主要建筑物、主要景点、与之相连的主要道路和交通线等)
		公园、风景区	标准地名的来历、含义、命名时间。地理实体概况,包括:占地面积(平方千米)、管理单位、联系地址、主要景点、所在(跨)行政区、其他信息(如景观特色及相关文化内涵)
		自然保护区	标准地名的来历、含义、命名时间。地理实体概况,包括:级别、保护对象、占地面积(平方千米)、管理单位、联系地址、主要景点、建立时间、所在(跨)行政区、其他信息(如与之相连的主要道路和交通线等)
建筑物	具有较强历史文化价值,有特定意义的建筑物地名、宗教活动场所	房屋	标准地名的来历、含义、命名时间。地理实体概况,包括:地址、占地面积(平方米)、建筑面积(平方米)、主体层数(层)、主体高度(米)、邮政编码、建成时间、其他信息(如产权单位、管理单位、使用单位、特殊意义等)
		宗教活动场所	标准地名、曾用名(若有)的来历、含义、命名时间。地理实体概况,包括:占地面积(平方米)、管理单位、联系地址、宗教文化内涵、保护级别、所在(跨)行政区、其他信息(如重要人物、事件、传说等)
		亭、台、碑、塔	标准地名的来历、含义、命名时间。地理实体概况,包括:所在位置(地址)、建成时间、主体层数(层)、主体高度(米)、建筑结构、其他信息(如建筑特征、特殊意义等)
	知名度高,且面积较大,又有特点的重要广场	广场、体育场	标准地名的来历、含义、命名时间。地理实体概况,包括:所在位置(地址)、占地面积(平方米)、建成时间、其他信息(如产权单位、管理单位、特殊意义、与之相连的主要道路或交通线等)

续表

类别	收录要求	小类	词条编写内容
建筑物	自治区境内有保存时间久，外形完好，有重要历史和考古价值的建筑物	城堡、墙	标准地名的来历、含义、命名时间。地理实体概况，包括：所在位置（地址）、占地面积（平方米）、建筑面积（平方米）、主体高度（米）、建成时间、其他信息（如管理单位、建筑风貌、历史文化内涵等）
具有地名意义的单位	酌情收录地市级机关事业单位组织，企业单位只收录设在本辖区内的国有大中型企业和在本市内有较高知名度的、规模较大的民营企业名称	党政机关	标准名称、基本概况
		民间组织	标准名称、历史沿革、所属行业、业务范围、基本概况
		事业单位	标准名称、历史沿革、所属行业、业务范围、基本概况
		企业	标准名称、历史沿革、所属行业、业务范围、基本概况

城区标准地名图编制规范

DB 64/ T 1678—2019

（宁夏回族自治区市场监督管理厅 2019－12－05 发布，2020－02－05 实施）

前　言

本标准按照 GB/T 1.1—2009 给出的规则起草。

本标准由宁夏回族自治区民政厅提出并归口。

本标准由宁夏回族自治区民政厅组织实施。

本标准主要起草单位：宁夏地名学会、宁夏国土资源调查监测院、宁夏自然资源信息中心、宁夏测绘地理信息院、宁夏自然资源资产统计核算中心。

本标准主要起草人：宋永飞、康荣华、李奇、刘建宁、弓永峰、刘志坚、黄玮、刘少宇、刘丽、郑修远、黄川、罗楷、杨翔宇、张静静、王帆、张兆祺、余丽、高金波等。

城区标准地名图编制规范

1　范围

本标准规定了宁夏回族自治区城区标准地名图的一般规定、地名选取要求、地名要求和其他要求。

本标准适用于宁夏回族自治区城区标准地名图的编制、公开出版。

2　规范性引用文件

下列文件对于本文件的应用是必不可少的。凡是注日期的引用文件，仅注日期的版本适用于本文件。凡是不注日期的引用文件，其最新版本（包括所有的

修改单)适用于本文件。

GB/T 18521—2001　地名分类与类别代码编制规则

GB/T 35633—2017　公开版地图地名表示通用要求

DB 64/T 1556—2018　标准地名数据脱密规范

3　一般规定

3.1　比例尺

根据工作实际需要、制图区域大小和成图幅面确定成图比例尺。比例尺一般应≥1/20000。

3.2　标准地名图的参数及要求

a)坐标系统:2000 国家大地坐标系;

b)高程基准:1985 国家高程基准;

c)公开出版的城区标准地名图不得表示坐标系和直角坐标网。

3.3　城区行政区划

依据各级民政部门提供的行政区划。

3.4　城区标准地名图组成

城区标准地名图组成:

a)数学要素:包括地图的比例尺、指北针,是地图制图的基础。

b)主题要素:表示制图区域所要反映的地名和进行地理定位的基础要素。按照 GB/T 18521—2001 的要求,地名分为水系、陆地地形,行政区域,群众自治组织,非行政区域,居民点,交通运输设施,水利设施、电力设施、通信设施,纪念地,旅游景点,建筑物和单位等 11 大类。

c)辅助要素:主要包括图例、图号、接图表、附图、其他编图资料说明(地图投影、坐标系、高程系、成图时间、出版单位等)。

4　地名选取要求

4.1　地名选取基本原则

制作宁夏城区标准地名图时,应综合考量制图比例尺与幅面尺寸,对各类地名要素进行科学合理的取舍。取舍基本原则如下:

a)同类地名,优先标注地名意义更大的,或更重要的,或级别更高的地名。

b)不同类别地名标注优先次序依次为:地标性或标志性建筑物、大型或重要居民点、重要行政机关单位、大型或重点企业、大型或重要开发区、知名旅游景点及公园广场、群众自治组织、一般居民点、地片或区片、其他纪念地及旅游景点、中型企业等。

c)当各地名标注发生冲突时,避让原则一般是:点状地名要素可压盖线状、面状地名;线状地名可压盖面状地名;主要地名与次要地名矛盾时,移动次要地名。

d)城区标准地名图一般不表示历史地名。

e)公开出版的宁夏城区标准地名图的脱密审查,应按照 DB 64/T 1556—2018 的规定执行。

4.2 制图综合基本要求

制图综合基本要求按表 1 进行,可根据实际工作需要做适当调整。

表 1 制图综合基本要求

地名类别	地名要素制图综合基本要求
水系	根据地图比例尺大小及图幅尺寸尽量详尽表示
陆地地形	尽量详尽表示
行政区域	行政区域(省、市、县/区、乡/街道)必须表示,乡/街道区域可根据制图要求选择性表示
群众自治组织	城市社区居委会、农村村民委员会优先表示
非行政区域	工业区、开发区、地名意义较大的地片或区片优先表示
	其他区域可根据区域面积、地名重要性、综合考虑地图尺寸及地图比例尺大小视具体情况选取表示
居民点	有特殊地名意义的城镇居民点优先表示
	城市居民点根据图幅尺寸、比例尺及居民点占地面积综合取舍
交通运输设施	优先表示重要的大型交通设施,如地铁、隧道、桥梁、火车站、长途汽车站
	城区内的道路街巷应根据比例尺大小和图幅大小,尽量详尽表示
	选择性表示公交站、停车场、加油站等设施
水利、电力、通信设施	涉及国家秘密的水利、电力、通信设施一般不得在公开地图上表示,特殊情况必须要表示,须保证地图位置精度不得高于 100 米,例如,已作为景点对公众开放的青铜峡大坝
纪念地、旅游景点	优先表示级别高的、地名意义重大的纪念地、遗址、公园、自然保护区地名
	次要的、级别低的、占地范围小的纪念地、公园、自然保护区类地名可根据图幅尺寸、比例尺大小综合选取表示

续表

地名类别	地名要素制图综合基本要求
建筑物	标志性建筑物、大型的广场、体育场、城堡、城墙必须表示
	地名意义重大的亭、台、碑、塔尽量表示
	其他建筑物可根据图面载荷情况适当进行选取表示
单位	各级人民政府、大型医院、重点学校必须表示，军事学校除外
	政府办事机构、重点事业单位、大型企业优先表示
	其他单位可根据图面载荷情况适当进行选取表示

5 地名要求

城区标准地名图地名表示包括地名符号和注记。

5.1 地名符号表示要求

表2给出了宁夏城区标准地名图参考符号样式，表2中符号参数均为图上尺寸。在使用表2图式时，也可以根据不同地区的地名要素特征及用图需要增补或调整符号。

表2 地名图符号样式表

编号	符号名称	符号样式	参数
1	省政府驻地		符号：外圈 d = 3mm，线粗 0.15mm，m100y100，内普色 y70； 内圈 d = 2mm，线粗 0.15mm，m100y100，内普 y70； 中心点 d = 1.0mm，m100y100，0.1mm 边线。 注记：汉仪大黑简，4mm，y70；套 0.5mm，m100y100 边线。
2	地级政府驻地		符号：外圈 d = 2.5mm，线粗 0.15mm，m100y100，内普白色； 中心点 d = 1.7mm，m100y100，无边线。 注记：汉仪大黑简，3.5mm，m100y100。
3	区县政府驻地		符号：外圈 d = 2mm，线粗 0.15mm，k100，内普白色； 中心点 d = 1.3mm，k100，0.12mm 边线。 注记：汉仪大黑简，3mm，k100。
4	乡、镇、街道		符号：外圈 d = 1.75mm，线粗 0.13mm，k100，内普白色； 中心点 d = 1.1mm，k100，无边线。 注记：汉仪大黑简，2.625mm，k100。
5	行政村		符号：d = 1.5mm，线粗 0.1mm，k100，内普白色； 注记：汉仪细中圆简体，1.75mm，k100。
6	自然村		符号：d = 1mm，线粗 0.15mm，k100，内普白色； 注记：汉仪细中圆简体，1.75mm，k100。
7	农场		符号：大小 2mm × 2mm，线粗 0.15mm，c100y100； 注记：汉仪楷体简，2.1mm，c100y100。

续表

编号	符号名称	符号样式	参数
8	林场		符号:大小 2mm×2mm,线粗 0.15mm,c100y100; 注记:汉仪楷体简,2.1mm,c100y100。
9	牧场		符号:大小 2mm×2mm,线粗 0.15mm,c100y100; 注记:汉仪楷体简,2.1mm,c100y100。
10	渔场		符号:大小 2mm×2mm,线粗 0.15mm,c100; 注记:汉仪楷体简,2.1mm,c100。
11	矿		符号:大小 2mm×2mm,线粗 0.15mm,m50y80k60; 注记:汉仪楷体简,2.1mm,m50y80k60。
12	陵园		符号:大小 2mm×2mm,线粗 0.15mm,c100y100; 注记:汉仪楷体简,2.1mm,c100y100。
13	寺、庙		符号:大小 2.5mm×1.8mm,c50m100y50; 注记:汉仪中等线简,2.1mm,c50m100y50。
14	国家级 风景名胜区		符号:大小 2.2mm×2.2mm,c30m100y30; 注记:汉仪综艺体简,2.1mm,c30m100y30。
15	省级 风景名胜区		符号:大小 2.2mm×2.2mm,c100m100k50; 注记:汉仪中圆简,2.1mm,c100m100k50。
16	市级 风景名胜区		符号:大小 2.2mm×2.2mm,m50y100; 注记:汉仪楷体简,2.1mm,m50y100。
17	自然保护区		符号:大小 2.85mm×2.2mm,c100y100; 注记:汉仪楷体简,2.1mm,c100y100。
18	公园		符号:大小 2.85mm×2.2mm,c100y100; 注记:汉仪楷体简,2.1mm,c100y100。
19	亭、台		符号:大小 2.5mm×2.1mm,k100; 注记:汉仪中等线简,2.1mm,k100。
20	碑		符号:大小 2.2mm×2.1mm,k100; 注记:汉仪中等线简,2.1mm,k100。
21	塔		符号:大小 2.45mm×2.3mm,k100; 注记:汉仪中等线简,2.1mm,k100。
22	遗址		符号:大小 2mm×2mm,线粗 0.15mm,k100; 注记:汉仪楷体简,2.1mm,k100。
23	教堂		符号:大小 2.4mm×1.25mm,k100; 注记:汉仪中等线简,2.1mm,k100。
24	党政机关		符号:大小 2.3mm×2.3mm,m100y100; 注记:汉仪中等线简,2.1mm,m100y100。
25	地名标志		符号:大小 1.5mm×1.5mm,c100m100k50; 注记:汉仪中等线简,2.1mm,c100m100k50。

续表

编号	符号名称	符号样式	参数
26	企事业单位		符号:大小 1.5mm×1.5mm,c50m100y50; 注记:汉仪中等线简,2.1mm,c50m100y50。
27	学校		符号:大小 1.5mm×1.5mm,c100m50; 注记:汉仪中等线简,2.1mm,c100m50。
28	医院、卫生室		符号:大小 2mm×2mm,m100y100; 注记:汉仪中等线简,2.1mm,m100y100。
29	民间组织	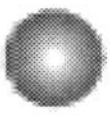	符号:大小 1.5mm×1.5mm,y100k50; 注记:汉仪中等线简,2.1mm,y100k50。
30	村民委员会		符号:大小 1.5mm×1.5mm,m100y100k20; 注记:汉仪中等线简,2.1mm,m100y100k20。
31	居民委员会		符号:大小 1.5mm×1.5mm,c100m20k20; 注记:汉仪中等线简,2.1mm,c100m20k20。
32	市场、园区		符号:大小 1.5mm×1.5mm,c20m100y20; 注记:汉仪中等线简,2.1mm,c20m100y20。
33	银行		符号:大小 2mm×2mm,m50y100; 注记:汉仪中等线简,2.1mm,m50y100。
34	井	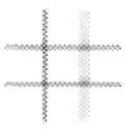	符号:大小 2.5mm×2.5mm,线粗 0.15mm,c100; 注记:汉仪中等线简,2.1mm,c100。
35	泵站		符号:大小 2mm×2mm,c100m50y20k20; 注记:汉仪中等线简,2.1mm,c100m50y20k20。
36	水闸		符号:大小 2mm×2mm,c100m50y20k20; 注记:汉仪中等线简,2.1mm,c100m50y20k20。
37	桥梁		符号:大小 2.5mm×2.5mm,线粗 0.15mm,k100; 注记:汉仪中等线简,2.1mm,k100。
38	烽火台		符号:大小 2.5mm×2.5mm,线粗 0.15mm,k100; 注记:汉仪中等线简,2.1mm,k100。
39	飞机场		符号:大小 2mm×2mm,c90m90k40; 注记:汉仪中等线简,2.1mm,c90m90k40。
40	火车站		符号:大小 2.5mm×2.5mm,线粗 0.15mm,k100; 注记:汉仪中等线简,2.1mm,k100。
41	招呼站		符号:大小 2mm×2mm,c100m50y20k20; 注记:汉仪中等线简,2.1mm,c100m50y20k20。
42	收费站		符号:大小 2mm×2mm,边线 0.12mm,m100y100,内普 y100; 注记:汉仪中等线简,2.1mm,k100。
43	服务区		符号:大小 2.5mm×2mm,c100m50y20k20; 注记:汉仪中等线简,2.1mm,c100m50y20k20。

续表

编号	符号名称	符号样式	参数
44	交通局、交警队		符号：大小 2mm×2mm，c100m100k50； 注记：汉仪中等线简，2.1mm，c100m100k50。
45	居民小区		符号：大小 2.85mm×2.2mm，c100y100； 注记：汉仪楷体简，2.1mm，k100。
46	库塘坑		符号：大小 1.5mm×1.5mm，c100； 注记：汉仪中等线简，2.1mm，c100。
47	酒店、宾馆		符号：大小 2mm×2mm，k100； 注记：汉仪中等线简，2.1mm，k100。
48	加油站		符号：大小 2mm×2.3mm，y50k50； 注记：汉仪中等线简，2.1mm，y50k50。
49	汽车站		符号：大小 2mm×2mm，m50y100； 注记：汉仪中等线简，2.1mm，m50y100。
50	省级界线		线粗：0.35mm，c70m70y70k10，3.2/0.5/0.35/0.5/0.35/0.5。
51	地级市界线		线粗：0.3mm，c70m70y70k10，2.5/0.4/2.5/0.4/0.3/0.4。
52	县级界线		线粗：0.25mm，c70m70y70k10，3/0.4/0.25/0.4。
53	乡镇界线		线粗：0.2mm，c70m70y70k10，2/0.3/2/0.3/0.2/0.3/0.2/0.3。
54	铁路		底线 0.5mm，k100，上线 0.25mm，3.0mm 间距白色虚线，未成线段 3.0mm 间 0.12mm 白色。 注记：汉仪细圆 k100，2.3mm。
55	高速公路		底线 0.7mm，c30m100y100，上线 0.5mm，y100； 编号：外框 4.2mm×1.9mm，边线 0.12mm，c30m100y100，内普白色； 注记：汉仪中简黑 1.75mm，编号沿线路走势放置。 其他符号改变编号照此拷贝即可。出入口符号照此拷贝。
56	国道及编号		底线 0.7mm，c30m100y100，上线 0.5mm，m50y50； 编号：外框 4.2mm×1.9mm，边线 0.12mm，c30m100y100，内普白色； 注记：汉仪中简黑 1.75mm，编号沿线路走势放置。 其他符号改变编号照此拷贝即可。
57	省道及编号		底线 0.7mm，c100m70y100，上线 0.5mm，c100m20y100； 编号：外框 4.2mm×1.9mm，边线 0.12mm，c100m70y100，内普白色； 注记：汉仪中简黑 1.75mm，编号沿线路走势放置。 其他符号改变编号照此拷贝即可。

续表

编号	符号名称	符号样式	参数
58	县道及编号		底线 0. 7mm，m100y20，上线 0. 5mm，m40y20； 编号：外框 4. 2mm × 1. 9mm，边线 0. 12mm，m100y20，内普白色； 注记：汉仪中简黑 1. 75mm，编号沿线路走势放置。 其他符号改变编号照此拷贝即可。
59	乡道		线粗：0. 2mm，c30m50y10。
60	村道		线粗：0. 15mm，k40。
61	街道	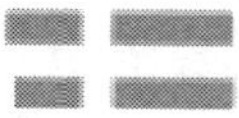	普色 c24m38y16，无边线。
62	沟渠		主渠 0. 25mm 线粗，支渠 0. 12mm 线粗，c100。
63	河流		根据河流长短从 0. 1 ~ 0. 4mm 渐变，c100。双线河边线 0. 1mm，c100、内普色 c40。
64	湖泊		湖泊边界线 0. 1mm，内普色 c40。
65	绿地		普色 c100m10y100，无边线。

5.2　地名要素注记要求

城区标准地名图地名注记表示可按照 GB/T 35633—2017 标准执行。

6　其他要求

6.1　城区标准地名图可根据实际需要分幅。图幅为 2 幅的，一般采用上下或左右分幅，并在图名后用“(　)”标明。图幅在 2 幅以上的，需要在图幅接边处标注相邻图幅名称或制作接图表。

6.2　地名密集的局部区域，制图综合后图面无法满足地名表示需要的，可采用局部放大图表示。

地名属性信息采集规范

DB 64/ T 1679—2019

（宁夏回族自治区市场监督管理厅 2019－12－05 发布，2020－02－05 实施）

前　言

本标准按照 GB/T 1.1—2009 给出的规则起草。

本标准由宁夏回族自治区民政厅提出并归口。

本标准由宁夏回族自治区民政厅组织实施。

本标准主要起草单位：宁夏地名学会、宁夏国土资源调查监测院、宁夏自然资源信息中心。

本标准主要起草人：宋永飞、刘少宇、罗楷、刘建宁、弓永峰、刘志坚、黄玮、刘丽、康荣华、郑修远、黄川、李奇、杨翔宇、张兆祺、高金波、佘丽、王帆等。

地名属性信息采集规范

1　范围

本标准规定了地名属性信息采集的地名分类、地理坐标、通用属性信息采集、专用属性信息采集和地名属性信息公开发布等。

本标准适用于宁夏回族自治区行政区域内地名属性信息采集。

2　规范性引用文件

下列文件对于本文件的应用是必不可少的。凡是注日期的引用文件，仅注日期的版本适用于本文件。凡是不注日期的引用文件，其最新版本（包括所有的

修改单)适用于本文件。

GB/T 18521—2001　地名分类与类别代码编制规则

DB64/T 1556—2018　标准地名数据脱密规范

3　术语与定义

下列术语和定义适用于本文件。

3.1　地名属性信息

地名和其所指代的地理实体的性质、特征及文化内涵等。

注:地名属性信息分为通用属性信息和专用属性信息。

3.2　罗马字母拼写

地名的汉语拼音字母书写,以国家公布的《汉语拼音方案》作为统一规范。

3.3　中国少数民族文字

少数民族语地名的民族文字书写。

3.4　语种

地名的语言种类,如汉语、藏语、蒙古语等。

3.5　密级

地名所指代的地理实体的地理坐标等信息的保密级别。

3.6　资料来源

地名的来历、含义及历史沿革和地理实体概况等信息资料的来源和出处。

3.7　多媒体信息

采集的该地名相关照片、图片、录音、录像等资料。

4　地名分类

地名分类按照 GB/T 18521—2001 的规定,分为 11 大类,分别为陆地水系,陆地地形,行政区域,群众自治组织,非行政区域,居民点,交通运输设施,水利、电力、通信设施,纪念地、旅游景点,建筑物,单位。

5　地理坐标

不同类别地名的地理坐标填写方式见附录 A。

6 通用属性信息采集内容

通用属性信息包含标准名称、简称、别名、类别名称、罗马字母拼写、民族文字、语种、密级、所在(跨)行政区、地理位置、地名的来历、含义及历史沿革、资料来源、多媒体信息、备注等。

7 专用属性信息采集内容

7.1 陆地水系类

信息主要采集内容如下:

a)河流:长度(千米)、流域面积(平方千米)、主要支流、河流级别、河流类别(内流河/外流河,地上河/地下河,常年河/季节河)、主要水文站、径流量、所在(跨)行政区、其他信息(如揭示河流历史文脉和特色文化内涵的信息等);

b)河源:所在(跨)行政区、其他信息;

c)峡谷:长度(千米)、宽度(千米)、走向、所属山系、起点名、止点名、河流名、所在(跨)行政区、其他信息;

d)河滩:面积(平方千米)、所在(跨)行政区、其他信息;

e)阶地:高度(米)、阶地级数、陡坎角度、所属河流、所在(跨)行政区、其他信息;

f)河湾:所在河流、所在(跨)行政区、其他信息;

g)河口:类型(滨海/滨湖/滨河)、所在(跨)行政区、其他信息;

h)湖泊:类型(常年湖/时令湖,淡水湖/咸水湖)、面积(平方千米)、最大长度(千米)、最大宽度(千米)、平均水深(米)、最大水深(米)、主要水源、所在(跨)行政区、其他信息(如沿湖重要自然和人文地理实体及有独具特色的文化内涵等);

i)其他。

7.2 陆地地形类

信息主要采集内容如下:

a)平原、盆地:面积(平方千米)、平均海拔(米)、四至、最大长度(千米)、最大宽度(千米)、气候类型、年均温度(摄氏度)、年降水量(毫米)、年无霜期

(天)、所在(跨)行政区、其他信息(如土壤类型、区域经济特征等);

b)高原:面积(平方千米)、最大长度(千米)、最大宽度(千米)、平均海拔(米)、四至、所属山脉、气候类型、年均温度(摄氏度)、年降水量(毫米)、年无霜期(天)、所在(跨)行政区、其他信息(如土壤类型、区域经济特征等);

c)丘陵山地:面积(平方千米)、长度(米)、宽度(米)、平均海拔(米)、走向、所属山系、主峰名称、主峰海拔(米)、所在(跨)行政区、其他信息(如地质、地貌特征等);

d)山口、关隘:长度(米)、宽度(米)、海拔(米)、所属山脉、所在(跨)山峰、所在(跨)行政区、其他信息(如自然与人文景观,重要历史人物、事件及传说等文化内涵);

e)山谷、谷地:长度(米)、平均宽度(米)、相对高差(米)、走向、所在山脉、所在(跨)行政区、其他信息(如自然与人文景观,重要历史人物、事件及传说等文化内涵);

f)山坡:走向、所在山脉、所在(跨)行政区、其他信息(如自然与人文景观,重要历史人物、事件及传说等文化内涵);

g)山峰:海拔(米)、所在山脉、所在(跨)行政区、其他信息(如地质地貌,主要生物,自然与人文景观,重要历史人物、事件及传说等文化内涵);

h)山:长度(千米)、宽度(千米)、海拔(米)、所在(跨)行政区、其他信息(如地质地貌,主要生物,自然与人文景观,重要历史人物、事件及传说等文化内涵);

i)山体:长度(千米)、宽度(千米)、主峰海拔(米)、平均海拔(米)、走向、主峰名称、所在(跨)行政区、其他信息(如地质地貌,主要生物,自然与人文景观,重要历史人物、事件及传说等文化内涵);

j)草原:面积(平方千米)、长度(千米)、宽度(千米)、主要植被类型、年均温度(摄氏度)、年均温差(摄氏度)、年降水量(毫米)、年无霜期(天)、所在(跨)行政区、其他信息;

k)森林:面积(平方千米)、长度(千米)、宽度(千米)、植被类型、气候类型、年均温度(摄氏度)、年均温差(摄氏度)、年降水量(毫米)、年无霜期(天)、所在(跨)行政区、其他信息(如水源、建筑物等);

l)沙漠:面积(平方千米)、长度(千米)、宽度(千米)、气候类型、植被类型、

年均温度(摄氏度)、年均温差(摄氏度)、年降水量(毫米)、年无霜期(天)、所在(跨)行政区、其他信息;

m)其他。

7.3　行政区域及其他区域类

行政区域类(省级、地级、县级、乡级行政区):行政区划单位(如,省级可选省或自治区或直辖市)、行政级别(选择省级、地级、县级、乡级)、行政区划代码、政府驻地、政府网址、上隶政区、下属政区、面积(平方千米)、人口(万人),其中回族人口(万人)、政区的历史沿革(始置时间和置、废、分、合及驻地迁徙、辖属变更等情况)、其他信息(如四至、毗邻的相关行政区,政府驻地人口、民族构成,气候类型,地貌特征、主要山峰、主要河流,主要工业、主要农业、主要矿产、主要土特产,主要交通干道,主要文教科体卫事业单位,名胜古迹和著名旅游景点,著名历史人物、主要历史事件等历史文化和民间传统文化内涵)。对于历史悠久的政区实体应深入调查、考证、梳理其承载的地域文化内涵。

7.4　群众自治组织类

村委会、社区居委会(居委会):下级组织、辖区范围、区号、联系电话、邮政编码、面积(平方千米)、人口(人)、行政区、其他信息(地名文化、辖区内文物保护单位、名胜古迹等)。

7.5　非行政区域类

信息主要采集内容如下:

a)矿区:矿产类型、范围、驻地、设立时间、面积(平方千米)、人口(人)、所在(跨)行政区、产值(万元)、其他信息;

b)农、林、牧、渔区:类型(农业区/林区/牧区/渔区)、范围、面积(平方千米)、人口(人)、年均气温(摄氏度)、年均降水量(毫米)、年无霜期(天)、主要产业、所在(跨)行政区、其他信息(如与之相连的主要道路和交通线等);

c)工业区、开发区:类型(工业区/开发区)、范围、面积(平方千米)、人口(万人)、主要产业、所在(跨)行政区、其他信息(如与之相连的主要道路和交通线等);

d)地片:范围、所在(跨)行政区、其他信息;

e)区片:范围、所在(跨)行政区、其他信息;

f)其他。

7.6 居民点类

城镇居民点,农村居民点,工矿点,农、林、牧场点:类型(城镇/农村/工矿点/农、林、牧场)、长途电话区号、邮政编码、面积(平方千米)、人口(人)、所在(跨)行政区;民宅聚集区、居民小区等城镇居民点所临街巷与门牌号、邮编等组合地址信息,村落等农村居民点的聚落形态、传统民居及民俗等文化内涵;其他信息。

7.7 交通运输设施类

7.7.1 水上运输

信息主要采集内容如下:

a)渡口:年客运量(万人)、渡程长度(米)、平均水深(米)、最大水深(米)、所在(跨)行政区、其他信息(如与之相连的主要道路和交通线等);

b)其他。

7.7.2 公路运输

信息主要采集内容如下:

a)公路:类型(国道/省道/县道/乡道/专用)、等级(高速/一级/二级/三级/四级以下)、起点、止点、长度(千米)、宽度(米)、路面性质、沿途重要地理实体、始建时间、建成时间、途经行政区、其他信息;

b)长途汽车站:年客运量(万人)、占地面积(平方米)、始建时间、建成时间、所在(跨)行政区、其他信息(如与之相连的主要道路和交通线等);

c)收费站:所在道路、始建时间、建成时间、所在(跨)行政区、其他信息;

d)高速公路服务区:占地面积(平方米)、始建时间、建成时间、所在高速公路、其他信息。

7.7.3 铁路运输

信息主要采集内容如下:

a)铁路:类型(国家干线/支线/地方铁路/专线铁路)、起点、止点、主要车站、长度(千米)、始建时间、建成时间、途经行政区、其他信息;

b)火车站:类型(客运/货运/客货混合运/铁路编组站)、年客运量(万人)、年货运量(万吨)、占地面积(平方米)、所在线路、始建时间、建成时间、所在(跨)行政区、其他信息(如与之相连的主要道路和交通线等)。

c)其他。

7.7.4 航空与管道运输

信息主要采集内容如下：

a)航空港：类型(国际/国内)、级别、年客运量(万人)、年货运量(万吨)、占地面积(平方千米)、停机坪面积(平方千米)、始建时间、建成时间、所在(跨)行政区、其他信息(如与之相连的主要道路和交通线等)；

b)管道：运输物质、起点、止点、长度(千米)、年运输量(万吨/万立方米)、始建时间、建成时间、所在(跨)行政区、其他信息；

c)管站：所在管道、始建时间、建成时间、所在(跨)行政区、其他信息。

7.7.5 城镇交通运输

信息主要采集内容如下：

a)街路巷：起点、止点、长度(米)、宽度(米)、路面性质、道路等级(快速路/主干道/次干道/支路)、门牌号范围、沿途重要地理实体、始建时间、建成时间、所在(跨)行政区、其他信息(如一些古老街巷的传统文化内涵等)；

b)公共交通车站：建筑面积(平方米)、主要运营线(条)、始建时间、建成时间、所在(跨)行政区、其他信息(如与之相连的主要道路和交通线等)；

c)停车场：占地面积(平方米)、泊位数(个)、始建时间、建成时间、所在(跨)行政区、其他信息(如与之相连的主要道路和交通线等)。

7.7.6 交通运输附属设施

信息主要采集内容如下：

a)桥梁：类型(铁路/公路/人行/其他)、所在线路、所跨河流(道路等)、等级、桥型、设计荷载量(吨)、长度(米)、宽度(米)、高度(米)、最大跨径(米)、始建时间、建成时间、所在(跨)行政区、其他信息；

b)隧道：类型(铁路/公路/其他)、长度(米)、宽度(米)、高度(米)、所在山峰(河流、湖泊等)、始建时间、建成时间、所在(跨)行政区、其他信息；

c)公路站：所在线路、始建时间、建成时间、所在(跨)行政区、其他信息；

d)环岛、路口：类型(环岛/路口)、所在线路、占地面积(平方米)、始建时间、建成时间、所在(跨)行政区、其他信息；

e)加油站：所在线路、占地面积(平方米)、始建时间、建成时间、所在(跨)行政区、其他信息；

f)其他。

7.7.7　其他

索道及其他：起点、止点、长度（米）、始建时间、建成时间、所在（跨）行政区、其他信息。

7.8　水利、电力、通信设施类

7.8.1　井

深度（米）、水质、所在（跨）行政区、类型（水井、机井）、其他信息［如最高水位（米）、最低水位（米）、最大输出量（米/秒）、日出水量（立方米）、涌水高度（米）、年均水温（摄氏度）等］。

7.8.2　蓄水区

信息主要采集内容如下：

a)池塘：面积（平方千米）、长度（米）、宽度（米）、水深（米）、所在（跨）行政区、其他信息。

b)水库：面积（平方千米）、长度（千米）、宽度（千米）、平均水深（米）、总库容（万立方米）、主要水源、始建时间、建成时间、所在（跨）行政区、其他信息。

c)蓄洪区、泄洪区：面积（平方千米）、蓄（泄）洪量（万立方米）、蓄洪水位（米）、主要水源、所在（跨）行政区、其他信息。

d)灌区：灌溉面积（平方千米）、所在（跨）行政区、其他信息。

7.8.3　排灌设施

信息主要采集内容如下：

a)灌溉渠：起点、止点、渠口最大引水流量（立方米/秒）、最大水深（米）、始建时间、建成时间、途经行政区、灌溉面积（亩）、其他信息。

b)扬水工程：起点、止点、始建时间、建成时间、首站进水量、泵站、受益地区、灌溉面积（亩）。

c)排水沟：起点、止点、最大水深（米）、始建时间、建成时间、途经行政区、其他信息。

d)渡槽：长度（米）、宽度（米）、始建时间、建成时间、所在（跨）行政区、其他信息。

e)泵站:所在线路、始建时间、建成时间、所在(跨)行政区、其他信息。

f)其他。

7.8.4　堤坝

河堤、防洪坝、闸坝、拦河坝:所在位置、长度(米)、顶宽(米)、高度(米)、始建时间、建成时间、所在(跨)行政区、其他信息。

7.8.5　电力设施

信息主要采集内容如下:

a)发电站:类型(火力/水力/风力/核/太阳能)、总装机容量(千瓦)、日发电量(万度)、年发电量(万度)、始建时间、建成时间、所在(跨)行政区、其他信息。

b)输变电站:输入容量(千瓦)、输出容量(千瓦)、始建时间、建成时间、所在(跨)行政区、其他信息。

7.9　纪念地、旅游景点类

7.9.1　纪念地、遗址

信息主要采集内容如下:

a)人物纪念地、革命纪念地、历史纪念地:占地面积(平方米)、管理单位、联系地址、联系电话、人物或事件、保护级别、所在(跨)行政区、其他信息(如主要建筑物、主要景点、与之相连的主要道路和交通线等)。

b)遗址:占地面积(平方米)、管理单位、联系地址、联系电话、保护级别、所在(跨)行政区、其他信息(如重要人物、事件、传说等)。

7.9.2　公园、园林、风景区

占地面积(平方千米)、管理单位、联系地址、联系电话、主要景点、所在(跨)行政区、其他信息(如景观特色及相关文化内涵)。

7.9.3　自然保护区

级别、保护对象、占地面积(平方千米)、管理单位、联系地址、联系电话、主要景点、建立时间、所在(跨)行政区、其他信息(如与之相连的主要道路和交通线等)。

7.10　建筑物

信息主要采集内容如下:

a)房屋:地址、占地面积(平方米)、建筑面积(平方米)、主体层数(层)、主体高度(米)、联系电话、邮政编码、建成时间、其他信息(如产权单位、管理单位、使用单位、特殊意义等)。

b)亭、台、碑、塔:所在位置(地址)、建成时间、主体层数(层)、主体高度(米)、建筑结构、其他信息(如建筑特征、特殊意义等)。

c)广场、体育场:所在位置(地址)、占地面积(平方米)、建成时间、其他信息(如产权单位、管理单位、特殊意义、与之相连的主要道路或交通线等)。

d)城堡、墙:所在位置(地址)、占地面积(平方米)、建筑面积(平方米)、主体高度(米)、建成时间、其他信息(如管理单位、建筑风貌、历史文化内涵等)。

e)宗教活动场所:地址、占地面积(平方米)、建筑面积(平方米)、主体层数(层)、主体高度(米)、联系电话、邮政编码、建成时间、宗教类别、其他信息(如管理单位、建筑风貌等)。

7.11 单位类

党政机关、社会团体、事业单位、企业、军事单位:地址、所属行业、联系电话、邮政编码、业务范围、单位网址、其他信息。

8 地名属性信息公开发布

本标准规定的地名属性信息数据涉密,如需公开发布,应依据 DB 64/T 1556—2018 的要求进行脱密审查。

附录 A
(规范性附录)
地理坐标填写规范

表 A.1 地理坐标填写表

序号	类别		定位点	地理坐标填写要求
1	行政区域	各级各类行政区	驻地位置	经纬度四至
2	群众自治组织	村委会、社区居委会(居委会)	村委会、社区居委会(居委会)所在位置	经纬度
3	非行政区域	矿区,农、林、牧、渔区,工业区,开发区,边贸区、口岸,地片,区片	驻地位置或几何中心	经纬度四至

续表

序号	类别		定位点	地理坐标填写要求
4	居民点	城镇居民点，农村居民点，工矿点，农、林、牧场点	几何中心	经纬度
5	交通运输设施	锚地、船闸（升船机站）、渡口、长途汽车站、收费站、火车站、道口、公共交通车站、停车场、道班、检查站、环岛（路口）、加油站、灯塔（导航台）	几何中心	经纬度
		公路、铁路、管道、道路（街巷）、有轨交通线路、大型桥梁、大型隧道	中心线	几何中心
		大型河港、大型航空港	几何中心	经纬度四至
6	水利、电力、通信设施	井、泵站、涵洞、发电站、输变电站、通信基站	几何中心	经纬度
		水库、蓄洪区（泄洪区）、灌区	几何中心	经纬度四至
		灌溉渠、排水沟、渡槽、河堤（湖堤）、大型闸坝、大型拦河坝、运河	中心线	经纬度四至
7	纪念地、旅游景点	任务、事件、宗教纪念地	几何中心	经纬度
		大型公园、风景区、自然保护区	几何中心	经纬度四至
8	建筑物	房屋、亭、台、碑、塔、广场、体育场、城堡、墙	几何中心	经纬度
9	单位	党政机关、民间组织、事业单位、企业、军事单位	几何中心	经纬度
10	陆地水系	河流	中心线	经纬度四至
		湖泊，面积较大的洲、岛	几何中心	经纬度四至
		瀑布、泉、矶	几何中心	经纬度
11	陆地地形	平原、盆地、高原、丘陵、山脉、湿地（沼泽）、苔原、草原、森林、沙漠、戈壁、绿洲、台地	几何中心	经纬度四至
		山峰、山口	最高点或几何中心	经纬度